MW00882241

NASSRINE REZA

LE POUVOIR DE L'ACCUEIL

Renaître en un seul instant

À PROPOS DE L'AUTEURE

Thérapeute et intuitive médicale, Nassrine Reza offre une vision novatrice dans les domaines de la spiritualité, du développement personnel et de la psychologie. Elle crée en 2002 sa méthode, la Nutri-Émotion, qui met en lumière les corrélations existantes entre l'eau, les émotions et la santé physique, et collabore dès lors avec des médecins et psychologues. En 2014, elle publie son premier livre : *La Nutri-Émotion, une nouvelle voie de guérison et d'épanouissement,* qui rencontre un grand succès dans les pays francophones.

Depuis plus de dix ans, Nassrine Reza parcourt le monde en offrant des séminaires, des conférences et des retraites. Son approche constitue une voie directe vers un savoir inné et propre à chaque être humain.

À PROPOS DE CE LIVRE

Ce livre a été structuré de manière à ce que vous puissiez simplement suivre votre appel intérieur. Il se lit soit « au hasard » et vous transmet le message du moment, soit d'un bout à l'autre, selon votre inspiration. Au fur et à mesure de votre voyage, vos blessures et vos croyances limitatives se dissiperont naturellement. Sans effort ni volonté, vous renaîtrez dans une vie qui reflète à la perfection votre nature profonde.

Laissez-vous surprendre, abandonnez toute résistance et vous réaliserez que la vie vous porte avec grâce jusqu'à votre propre accomplissement.

Je vous souhaite tout l'accueil du monde, maintenant et à tout jamais.

Avec toute mon affection

Nassrine Reza

PRÉFACE

Vous êtes sur le point de faire une expérience unique qui va métamorphoser votre vie à tout niveau...

Depuis que vous avez ouvert les yeux sur ce monde, une richesse intérieure inépuisable vous habite profondément. Tel un trésor enfoui au cœur de votre être, vous en avez progressivement oublié l'existence. Pourtant, ce potentiel inestimable vous guide à chaque instant. Face à la solitude, il vous berce dans un amour inconditionnel. Submergé par la peur, il vous insuffle du courage. Et lorsque vous êtes confronté à une situation qui paraît sans issue, il vous montre une nouvelle voie. Cette voie n'est autre que la voix de votre Pouvoir d'Accueil.

Ce livre a été écrit pour vous, afin de vous rallier à ce pouvoir inné qui façonne votre vie d'une manière unique. Nul besoin de le chercher, car votre Pouvoir d'Accueil est omniprésent. Il n'est pas nécessaire de le développer, puisqu'il est déjà parfait maintenant. Il vous suffit d'en avoir conscience.

Ce livre regroupe toutes les situations de votre vie. Chacune d'entre elles vous dévoilera les secrets de votre Pouvoir d'Accueil. Vous saurez comment l'utiliser à bon escient, afin de créer une vie qui vous correspond réellement. Dès lors, vous chevaucherez avec lui et vous découvrirez, stupéfait, que vous n'êtes jamais limité.

Quand vous ouvrirez enfin les portes à ce don inné, plus rien ne pourra vous effrayer. Vous vivrez sereinement, car conscient d'être guidé à chaque instant.

Alors, plongez maintenant dans l'univers fascinant de votre Pouvoir d'Accueil !

VOUS ÊTES VOTRE PROPRE GUIDE

**SI VOUS SUIVEZ LA FOULE,
VOUS NE DÉCOUVRIREZ JAMAIS
CE QUI EST UNIQUE EN VOUS.**

Un élève dit à son maître : « J'aspire à être comme vous. » Le maître répondit sereinement : « Ce faisant, tu passerais ton existence à ressembler à quelqu'un d'autre. » Surpris, l'élève ajouta : « J'ai besoin d'un exemple pour être guidé. » « Certes, mais ce modèle n'est autre que toi-même », rétorqua le maître. « Dans ce cas, quelle est la raison à ma présence ici ? », demanda l'élève, confus. « Tu es ici pour te remémorer cette vérité », conclut le maître en souriant.

Un jour, j'ai décidé de quitter mon emploi. Une amie m'a dit de suite : « Tu gagnes bien ta vie maintenant ! À ta place, je ne changerais pas de travail ! » Malgré toute sa bienveillance à mon égard, elle ne se rendit pas compte qu'elle projetait ses peurs sur moi. L'autre ne peut jamais se transposer dans votre situation, même si elle lui paraît familière, parce que son regard sur elle découle indéniablement d'une expérience hautement personnelle.

Ne vous laissez pas assourdir par les conseils d'autrui qui vous soumettent à des comparaisons illusoires car ce faisant, vous oubliez un point essentiel : vous êtes votre propre guide ! Puisque vous êtes unique au monde, nul autre que vous-même ne peut vous servir d'exemple.

Ayez le courage de dévier votre regard du monde extérieur. Détachez-vous en toute conscience de l'opinion des autres. Ainsi, votre attention se porte naturellement sur votre monde intérieur. Lui seul sait ce qui vous correspond réellement et il façonne votre vie d'une manière unique. Alors offrez-lui la possibilité de manifester toute sa splendeur !

OUI, JE PEUX !

LES ÉPREUVES DE LA VIE NE SONT PAS PRÉSENTES POUR VOUS FAIRE FUIR. AU CONTRAIRE, ELLES VOUS INVITENT À RECONNAÎTRE CETTE FORCE INTÉRIEURE DÉJÀ EXISTANTE.

À combien de reprises vous êtes-vous dit que vous n'y arriverez pas, que vous n'avez pas les capacités, que c'est trop difficile ? Beaucoup trop souvent ! Le temps vous glisse entre les doigts et avec lui, maintes opportunités de vous réaliser. La vie est brève, ne l'oubliez jamais.

Imaginez un instant qu'un être cher vous dise : « J'aimerais tellement réaliser ce rêve, mais j'ai l'impression que je n'y arriverai jamais ! » Comment réagissez-vous ? Vous le valorisez en l'aidant à dépasser ses croyances limitatives. C'est exactement de la même manière que vous allez pouvoir vous aider. C'est-à-dire en vous estimant davantage !

Repensez un instant à tout ce que vous avez accompli avec bravoure jusqu'alors et soyez-en fier ! Les épreuves de la vie ne sont pas présentes pour vous faire fuir. Au contraire, elles vous invitent à reconnaître cette force intérieure déjà existante. Oui, vous pouvez y arriver, rien n'est insurmontable, parce que vous possédez tout ce qui est nécessaire à votre propre réalisation !

Je vous invite vivement à faire ce petit exercice : trouvez tous les jours une ou plusieurs choses dont vous êtes fier. Qu'il s'agisse de prendre la parole en public, d'oser dire non ou de prendre soin de votre corps. Peu importe ! L'essentiel est de remercier et de valoriser ces aspects. Plongez maintenant dans votre espace intérieur, découvrez ce qui vous anime réellement et agissez, sans plus perdre de temps !

L'ÊTRE HUMAIN

QUELLE EST LA DIFFÉRENCE ENTRE UN ANIMAL ET UN ÊTRE HUMAIN ? L'ANIMAL S'ADAPTE À LA NATURE, MAIS L'HUMAIN EXIGE DE LA NATURE QU'ELLE S'ADAPTE À LUI.

« Le monde est dans un chaos grandissant ! Il faut y remédier ! » Ce qui doit être fait sera fait.

« Vous me parlez comme si le déséquilibre allait disparaître de lui-même ! » Le monde maintient son équilibre à chaque moment.

« À cet instant, d'innombrables humains meurent. » À cet instant, d'innombrables cellules meurent dans votre organisme. La vie est comme ce corps. Tout se régule naturellement.

« Comment osez-vous comparer l'humain à une simple cellule ? » Pourquoi percevez-vous des différences là où il n'y en a pas ? La vie coule en toute chose avec la même intensité.

« L'humanité est en crise ! » La crise est en vous. L'humanité en est l'extension.

« Mes prières sont vaines ? » Croyez-vous qu'en énonçant de bonnes intentions, le monde se transformera ? Détournez votre regard de lui un instant et observez ce qui a lieu en vous maintenant.

« Vous m'invitez à ne rien faire pour aider ce monde ? » Si, vous pourriez avant tout être en paix. La vie se charge du reste.

« Comment être en paix dans ces circonstances ? » Les circonstances ne déclenchent pas la paix en vous. Elles vous permettent uniquement d'observer si vous l'êtes déjà.

« Vous me parlez comme si nous n'avions pas le choix. » La vie se choisit avant tout.

« L'humanité détient une place importante sur cette terre ! » Oui, elle est aussi importante que le reste. C'est ce que vous oubliez la plupart du temps...

L'UNION FAIT LA FORCE

**J'AVAIS UN RÊVE. LE RÊVE D'ÊTRE MOI.
LA PEUR M'A ALORS SERRÉ DANS SES BRAS
ET M'A DIT : « SI TU OSES FAIRE CELA,
TOUTE TA VIE CHANGERA ! » J'AI PRIS LA PEUR
PAR LA MAIN ET JE LUI AI RÉPONDU :
« ENSEMBLE, ON Y ARRIVERA ! »**

Lors d'une consultation, j'ai rencontré un père et son fils de dix ans. Pendant la discussion, le père s'est adressé à son enfant apeuré en lui disant : « Arrête, tu n'as pas besoin d'avoir peur ! Enfin, ce n'est rien du tout ! » Son fils s'est instantanément recroquevillé et une crise d'angoisse s'est ensuivie. Le père n'avait pas conscience que ses mots figeaient son enfant dans une peur envahissante. En essayant de le rassurer, il ne l'autorisait pas à avoir peur. Au contraire, il invitait inconsciemment son fils à lutter contre cette émotion, ce qui la renforçait inévitablement.

En modifiant sa façon de communiquer et en prenant conscience de son propre refoulement émotionnel lié à la peur, le père a réussi à libérer l'enfant de ses crises d'angoisse. Il ne lui disait plus « N'aie pas peur ! », mais « Tu as le droit d'avoir peur et si tu es d'accord, nous allons la consoler ensemble ».

Si vous permettez à la peur d'exister, vous ne craindrez plus de perdre l'autre et vous oserez ouvrir votre cœur. Vous ferez complètement confiance à votre corps et vous n'aurez plus besoin de le contrôler. L'appréhension d'un manque financier s'évanouira, ce qui vous permettra de trouver un travail épanouissant.

La peur n'est pas une faiblesse. Chevauchez avec elle pour qu'elle devienne votre meilleure alliée, car elle n'est pas à combattre, mais à utiliser comme une force d'une extrême puissance. Alors, lui tendez-vous la main ?

L'ERREUR EST UN LEURRE

**L'ERREUR N'EXISTE PAS.
IL EXISTE UNIQUEMENT DIFFÉRENTES MANIÈRES
D'EXPÉRIMENTER SA VIE.**

Pensez-vous avoir fait des erreurs ? Si tel est le cas, comment serait votre vie actuelle si vous n'aviez pas fait ce que vous avez fait dans votre passé ? Impossible d'y répondre, n'est-ce pas ? La notion d'erreur découle irréfutablement d'un état imaginaire qui fait perdre de vue l'essentiel : le moment présent. La seule chose que vous possédez est cet instant présent, car le reste n'est que fiction. Peu importe la lourdeur de votre passé, vous avez maintenant l'immense opportunité de renaître à une vie emplie de douceur ! Comment faire ? En arrêtant de ruminer, de vous accuser à tort et de perdre votre temps à imaginer des hypothèses qui ne pourront jamais être vérifiées. Les regrets n'existent pas ! Prédomine uniquement l'expérience et elle a lieu maintenant !

Un enfant évolue sainement s'il a la possibilité d'essayer et de pratiquer d'innombrables choses. L'adulte aspire également à de multiples expériences, alors rendez-lui son terrain de jeu. Pour ce faire, ramenez inlassablement votre attention au moment présent. C'est dans l'ici et le maintenant que le jeu de la vie commence.

Sautez à pieds joints dans cette dimension et savourez pleinement chaque instant. Ce faisant, les souvenirs du passé n'auront plus d'emprise sur vous et toutes les croyances limitatives et néfastes à votre égard tomberont.

N'oubliez pas que l'enfant s'amuse avant tout ! Alors vivez avec légèreté, passion et surtout sans regret !

SE LAISSER PORTER PAR LA VIE

NUL BESOIN D'AVOIR CONFIANCE EN LA VIE, PARCE QU'ELLE VOUS SOUTIENT À CHAQUE INSTANT, ET CE SANS AUCUNE CONDITION PRÉALABLE.

Imaginez qu'un être humain soit perdu au milieu de l'océan. Aucune terre ferme à l'horizon. Il a alors deux possibilités : soit il se met à nager et il meurt d'épuisement, soit il se laisse flotter au gré des vagues. Ces vagues sont la vie. Elles portent l'être humain qui s'abandonne à leurs mouvements. Parfois l'eau est calme, parfois elle est agitée. Mais l'être humain qui a réellement pris conscience de son état d'unité avec la vie n'essaye plus de nager à contre-courant. Il comprend soudainement qu'il fait partie intégrante d'un équilibre parfaitement établi et qu'il peut s'y abandonner en toute quiétude.

Ce n'est pas la fleur qui choisit d'éclore à la lumière du soleil. C'est l'énergie de la vie qui lui permet d'éclore. Il en va de même pour l'être humain. Ce n'est pas lui qui décide de se lever le matin. C'est la vie qui circule à travers lui qui le fait se lever. Il s'agit d'un mouvement spontané et qui se produit sans relâche. Mais la plupart des humains n'en ont plus conscience. Ils pensent à tort que la vie peut être dominée, provoquant ainsi une lutte effrénée contre la vie et contre eux-mêmes.

Si vous êtes las de cette résistance qui épuise radicalement votre espace intérieur, appliquez cet exercice tous les soirs avant de vous endormir : allongez-vous sur le dos et écartez les membres. L'essentiel est d'observer une respiration ventrale ainsi qu'un relâchement physique à chaque expiration. Répétez plusieurs fois : « Je choisis consciemment de me laisser porter en toute sérénité par la vie. »

LE DIVIN

**LE DIVIN N'EST PAS EN VOUS. IL EST VOUS.
CESSEZ DONC DE LE CHERCHER.
AYEZ-EN CONSCIENCE.
AINSI VOTRE PROPRE LUMIÈRE
ÉCLAIRERA CHACUN DE VOS PAS.**

Un jour, un jeune homme partit à la quête de Dieu. Il traversa l'espace et le temps, mais ne le trouva pas. Résigné, il prit le chemin du retour et rencontra un vieux sage. Son profond désespoir le poussa à s'arrêter. Il avait besoin de réconfort. Intimidé par les yeux d'un bleu profond, il lui dit : « Vieux sage, me ferais-tu l'honneur d'une conversation ? » Par un hochement de tête, il fut invité à s'asseoir. Hésitant, il lui expliqua : « On m'a dit que Dieu existe et on m'a assuré que sa voix pouvait être entendue. Je lui ai adressé toutes mes questions, mais je n'ai reçu aucune réponse. Je me suis donc mis à sa recherche, mais en vain. » Le sage le regarda fixement et lui répondit : « Mon garçon, je suis navré de te décevoir. Dieu ne peut ni être entendu ni être vu. » Le jeune homme éprouva de l'agacement. « On nous a tellement parlé de Dieu, mais nous n'avons aucun moyen de savoir s'il existe réellement. » Le sage s'approcha doucement et dit en souriant : « Tu en es la preuve vivante... »

Votre vraie nature ne peut être observée. Puisque vous n'en êtes jamais séparé, il vous est impossible de la décrire, de la ressentir ou de lui conférer un nom. Cessez donc de chercher, ayez-en simplement conscience.

Comprenez que votre essence ne peut être confinée en des mots ou des concepts, puisqu'elle est le contenant. Lorsque vous réaliserez que vous êtes l'unique réalité et que vous contenez TOUT, alors RIEN n'aura plus d'influence sur vous.

EXPÉRIMENTER

**COMMENT POURRIEZ-VOUS CONNAÎTRE LE GOÛT
D'UN FRUIT SI VOUS VOUS CONTENTEZ
DE LE REGARDER ?**

Un participant me dit : « J'ai passé beaucoup de temps à chercher le sens de la vie. » Je lui ai alors répondu : « Et combien d'années avez-vous passées à la vivre tout simplement ? » Il se tut pendant un instant et je repris : « Un désir brûlant de vivre vous anime quotidiennement, mais osez-vous plonger dans l'expérience ? Vous avez tellement de questions et c'est parfait ainsi. Mais demandez-vous un instant ce que vous venez chercher ici. Est-ce uniquement de la théorie ou aspirez-vous à un réel changement ? Vous me demandez ce qu'est la vie, mais comment pourrais-je vous répondre ? Un être conditionné perçoit un fruit et écrit une longue histoire autour de lui. Mais il ne pourra jamais prétendre connaître sa saveur, puisqu'il n'y a jamais goûté. Chercher un sens à la vie devient utopique quand vous l'expérimentez dans l'ici et le maintenant. Avez-vous besoin de déchiffrer les notes pour entendre la musique et vous laisser bercer par elle ? Vous pouvez passer votre existence à vous raconter des histoires ou découvrir l'essence de la vie. Mais gardez toujours à l'esprit que votre vie est comme ce fruit qui flétrit à chaque instant. Qu'attendez-vous pour vivre pleinement ici et maintenant ? »

Si vous pouviez laisser tomber toutes vos questions et vos analyses personnelles, vous seriez continuellement dans l'expérience et elle vous offrirait toutes vos réponses naturellement.

Alors quel choix faites-vous maintenant ?

L'ÉVIDENCE

**LA COMPRÉHENSION N'EST PAS NÉCESSAIRE,
CAR L'ACCUEIL SE SUFFIT À LUI-MÊME.**

Une de mes patientes souffrant d'une maladie auto-immune et qui avait déjà suivi de nombreuses thérapies m'expliqua un jour : « Grâce à un long travail d'introspection, j'ai finalement constaté que j'étais l'obstacle à la guérison. En étant malade, mes proches prennent soin de moi. Mais si je guéris, je ne serai plus leur centre d'attention et j'ai peur de passer à l'arrière-plan. » « Votre mental a trouvé une explication plausible à son fonctionnement. Pensez-vous que cette révélation va déclencher la guérison ? », demandai-je. Elle poursuivit : « Si je décide de ne plus jouer le rôle de la malade, la situation va forcément changer ». « Vous avez entrepris plusieurs thérapies et apparemment elles vous ont toutes amenée à concevoir la maladie d'un point de vue purement mental. Il est commun à l'être humain de s'accrocher à des explications intellectuelles, mais le corps n'en a guère besoin pour guérir. » Ma patiente m'observa, intriguée, et ajouta : « Comment puis-je l'aider ? » Je pris sa main et la posai sur son cœur. « Votre corps a fonda-mentalement besoin que vous l'acceptiez tel qu'il est. » Des larmes coulèrent sur son visage et elle serra ses bras autour d'elle-même. « Pourriez-vous maintenant autoriser votre corps à être malade ? Vous serait-il possible de cesser de nourrir votre mental par des explications, car cela témoigne de votre inaptitude à accueillir pleinement la situation ? » Elle hocha la tête. Je la vis un an plus tard, le corps guéri.

Votre corps ne comprend pas les interprétations mentales. Par contre, il ressent à chaque instant si vous êtes avec ou contre lui.

VOTRE FORCE INTÉRIEURE

**VOTRE FORCE INTÉRIEURE
NE DÉCOULE PAS D'UN ACTE DE VOLONTÉ,
MAIS DE VOTRE APTITUDE À VOUS DÉTACHER.**

Vous avez certainement déjà été confronté à un problème qui vous paraissait au premier abord insurmontable. Repensez-y un instant et demandez-vous comment vous vous en êtes sorti. Avec force et volonté ? Non, de manière beaucoup plus subtile. À un instant précis, votre état de combativité a été neutralisé. Le mécanisme de lutte s'est interrompu parce que votre mental a baissé les armes. Vous avez pu regarder cet obstacle avec détachement sans émettre le moindre jugement et, ce faisant, lui avez fait perdre de son ampleur et de son importance. Il a régressé naturellement. Il n'est donc jamais nécessaire de « dépasser » une quelconque difficulté. Il suffit de l'observer, de lui octroyer un espace de vie, pour qu'elle puisse se résorber.

Maintenant choisissez une difficulté, qu'il s'agisse d'une douleur, d'une pensée, d'une émotion ou d'une situation particulière. Regardez-la un instant et demandez-vous : « À qui cette difficulté appartient-elle ? » Elle appartient uniquement à la personne que vous croyez être, pas à vous.

Tout ce qui se produit dans cette vie se manifeste à travers la personne que vous croyez être, jamais à travers vous. Si vous comprenez cela, vous réaliserez qu'il n'y a jamais de problèmes à « surmonter ». C'est dans cet état de lucidité que réside votre force intérieure. Elle n'est jamais corrélée à un acte de volonté. Si vous ne vous prenez plus pour une personne qui est limitée par son système de croyance, alors vous arrivez à tout accueillir avec aisance. Vous observez cette difficulté avec bienveillance et, sans chercher de signification, vous l'autorisez à être présente.

L'ÉGOÏSME

NE VOUS SENTEZ PAS COUPABLE D'ÊTRE ÉGOÏSTE. SI VOUS NE VIVEZ PAS POUR VOUS AVANT TOUT, ALORS À QUOI BON VIVRE ?

L'égoïsme apparaît souvent comme un vilain défaut qui doit être combattu à tout prix. Pourtant, il est impossible de l'annihiler, parce qu'il occupe une place capitale dans votre vie. Tout ce que vous faites découle principalement de vos besoins et de vos désirs personnels. Ne pas reconnaître cela serait adopter la politique de l'autruche.

Demandez-vous pour quelle raison vous aimez aider les autres.

Parce que cette charité vous remplit de joie avant tout. Il est d'une inéluctable évidence que tout acte humain repose sur l'égoïsme. Combler a priori ses propres besoins est un mécanisme naturel et inhérent à la vie.

Peut-être vous a-t-on déjà reproché d'être égoïste ? Et alors ? Devriez-vous vous sentir coupable en étant entièrement à l'écoute de votre espace intérieur ? Certainement pas ! D'ailleurs, qu'est-ce qui pousse l'autre à vous faire un tel reproche ? Cela n'a aucun lien avec le contexte. C'est uniquement votre profonde liberté d'être qui le gêne.

C'est votre droit légitime de vivre votre vie comme vous l'entendez. Ce qui est égoïste, c'est d'attendre des autres qu'ils vivent leur vie selon vos souhaits.

Ne vous sentez jamais obligé de passer votre temps avec qui que ce soit ou d'accepter une demande qui ne résonne pas au plus profond de votre for intérieur. C'est le plus beau service que vous rendrez à l'autre et à vous-même.

QUE FERIEZ-VOUS SI VOUS N'AVIEZ PLUS PEUR ?

**J'OSERAIS SUIVRE MON INTUITION,
AU LIEU D'ÉCOUTER LA RAISON.
J'OSERAIS DIRE LIBREMENT CE QUE JE PENSE
ET RESSENS, AU LIEU D'APPRÉHENDER
LA RÉACTION DE L'AUTRE. J'OSERAIS RÉALISER
MES RÊVES, AU LIEU DE M'ACCROCHER
À UNE SÉCURITÉ ILLUSOIRE.
J'OSERAIS VIVRE, TOUT SIMPLEMENT !**

La peur est contagieuse. Effrayez un mouton et tout le troupeau s'enfuit. Transmettez un message qui génère de l'angoisse à un membre de la famille et toute la famille en pâtit. Les médias l'ont bien compris qui divulguent quotidiennement toutes les « horreurs » du monde et le pauvre mental succombe inévitablement à l'angoisse. La peur se fige et avec elle la peur profonde de vivre.

L'être humain n'ose plus expérimenter librement sa vie, parce que son système de pensée est meurtri par des images terrifiantes qui n'ont souvent aucun lien avec son propre vécu. Sans s'en rendre compte, il projette des peurs infondées sur différentes situations de vie. Il émet des préjugés en voyant certaines personnes et les évite systématiquement, simplement parce que son subconscient a intégré des données erronées.

Deux choix s'offrent à vous : continuer à craindre la vie, c'est-à-dire imaginer tout ce qui pourrait arriver, ou libérer votre mental de tout idée préconçue en focalisant votre attention sur le moment présent et sur toute la beauté qu'il contient à cet instant.

En optant pour le deuxième choix, vous permettrez aux humains de briser la glace qui les sépare. Une nouvelle dynamique de cohabitation s'instaurera progressivement, laissant à l'arrière-plan toutes les appréhensions.

L'AUTHENTICITÉ

**LE PLUS BEAU CADEAU QUE VOUS PUISSIEZ
OFFRIR À L'AUTRE N'EST PAS
VOTRE SOURIRE OU VOTRE GENTILLESSE,
MAIS VOTRE AUTHENTICITÉ !**

Vous souvenez-vous de la dernière fois que vous vous êtes senti complètement libre intérieurement ? Chez la plupart des gens, ce souvenir remonte à l'enfance, parce que cette époque est marquée par l'insouciance. L'enfant a une facilité incroyable à maintenir son attention sur son espace intérieur. À l'âge adulte cette capacité est entravée par un besoin parfois insatiable de reconnaissance extérieure. Sa spontanéité et son authenticité naturelle se retrouvent à l'arrière-plan, parfois jusqu'à disparaître complètement. Observez tous les masques que vous portez lors d'une seule journée. Prenez conscience qu'aucun d'entre eux ne vous ressemblera jamais. Je suis persuadée que vous avez envie de raviver ce sentiment de légèreté que vous connaissiez jadis. Que pouvez-vous faire, pour recréer l'équilibre dans votre monde intérieur ? Je vous invite à procéder de la manière suivante :

1) Trouvez des opportunités pour dire « non ».

2) Commencez vos phrases par « À mon avis » ou « Mon ressenti est que... ».

3) Évitez de vous justifier.

4) Félicitez-vous et félicitez surtout votre mental ! Valorisez-le à chaque fois qu'il est honnête. Vous constaterez à quel point l'authenticité permet à chacun de retrouver sa liberté d'être.

On apprend à l'être humain à être poli, gentil, serviable, respectueux, performant, souriant, aimant, conformiste. Mais qui lui apprend à être authentique ? C'est pourtant son authenticité qui amène une nouvelle facette à l'humanité. Alors donnez-lui le droit d'être ce qu'il est à chaque instant !

LE MOMENT PRÉSENT

**LÀ OÙ VOUS PERCEVEZ LE TEMPS,
L'ÉVOLUTION OU UN BUT À ATTEINDRE,
OBSERVEZ L'IMMUABILITÉ DU MOMENT PRÉSENT,
DANS LEQUEL LA PERFECTION DE LA VIE
SE REFLÈTE INLASSABLEMENT.**

Les gens me posent très souvent cette question : « Comment puis-je accéder au moment présent ? » Je leur demande alors : « Pourquoi vouloir y accéder ? Qui souhaite parvenir à cet état ? » S'ensuit alors un long moment de silence.

L'être humain aborde le moment présent comme s'il s'agissait d'une dimension extérieure à lui. Cette notion de séparation dérive inévitablement vers la question initiale : « Comment atteindre le moment présent ? » Et quelle est cette partie qui souhaite y accéder ? Il s'agit du mental qui ne se rend pas compte que seul le moment présent existe ! Il ne peut jamais s'égarer même lorsqu'il pense au passé ou à l'avenir.

J'ai connu de nombreuses personnes ayant passé plusieurs années à méditer, dans le but de s'ancrer pleinement dans le moment présent. Mais aucune d'elles n'a réussi. Est-ce parce qu'elles n'ont pas utilisé la bonne technique de méditation ? Non. Elles n'ont simplement pas réalisé qu'il n'y avait aucun accès possible au moment présent.

Pourquoi n'existe-t-il aucun chemin qui mène à cette précieuse dimension ? Parce que l'être humain ne peut pas atteindre un état dans lequel il est en permanence.

Rendez-vous à l'évidence : le moment présent ne peut jamais être appréhendé mentalement. Toute quête est mentale ! Vous vous apercevrez que vous êtes continuellement dans l'éternel moment présent.

LA COMMUNICATION

**LA COMMUNICATION NE SERT PAS À AVOIR TORT
OU RAISON. IL NE S'AGIT PAS NON PLUS
D'ATTENDRE DE L'APPROBATION
OU DE LA COMPRÉHENSION.
LA COMMUNICATION SERT À L'EXPRESSION ET
À L'ÉCHANGE DE VOS SENTIMENTS PROFONDS.
LÀ RÉSIDE L'ESSENTIEL. LÀ RÉSIDE LA PAIX.**

De quelle manière communiquez-vous avec votre corps, votre mental et vos émotions ? Comment vous adressez-vous à vos enfants et à votre entourage ? Exprimez-vous vos ressentis et vos besoins réels ? Avez-vous suffisamment de recul sur l'autre pour ne pas vous sentir personnellement visé par ce qu'il dit ? Êtes-vous capable d'entretenir un dialogue exempt de jugements et d'attentes ?

La communication est primordiale parce qu'elle invite à une profonde transparence. J'ai si souvent entendu dire : « Je n'ai pas besoin de parler à l'autre, parce qu'il me connaît et il sait dans quel état je suis. » Certes, l'autre perçoit intuitivement vos états d'âme. Mais vos besoins ne peuvent être décelés s'ils ne sont pas exprimés de vive voix.

Ce n'est pas l'inutilité de dialoguer qui prime, mais la peur viscérale du mental d'être mis à nu. Il a eu pour habitude de dissimuler ses pensées et d'opprimer ses profonds sentiments. La peur du rejet est tel un virus, mais vous en êtes l'antidote par excellence.

Si vous lisez ce livre, c'est parce que vous êtes prêt à laisser s'effondrer la dualité. Cela implique une conduite authentique. Comprenez qu'un mental sain n'accuse jamais l'autre. Il transmet uniquement ce qu'il ressent en parlant uniquement de lui. Encouragez-le à dialoguer, remerciez-le quand il ose ouvrir son cœur, et vous verrez que la vie est d'une simplicité inouïe quand tout s'exprime librement !

L'ÉVEIL

**VOUS POUVEZ PASSER UNE ÉTERNITÉ
À DÉCONSTRUIRE VOS CROYANCES
OU RÉALISER EN UN SEUL INSTANT
QU'ELLES NE SONT QU'ILLUSIONS.**

La plupart des gens sont en quête d'éveil. Ils sont convaincus que pour y accéder, une forme de libération est forcément nécessaire. À votre avis, de quoi faudrait-il se débarrasser pour parvenir à cet état ?

La réponse la plus commune est qu'il est indispensable de se détacher des croyances limitatives. Souvent, les gens se sentent emprisonnés par leurs modes de pensée. La grande question est : « Pensez-vous qu'en annihilant vos divers conditionnements, l'éveil se présentera à vous ? »

Un jeune homme me dit un jour : « Pour atteindre l'éveil, je dois me libérer de mes croyances. » Je lui répondis : « L'éveil, c'est réaliser qu'à cet instant vous venez de créer une nouvelle croyance. »

L'éveil ne requiert aucune forme de dépouillement, puisque toute croyance découle d'un état imaginaire. Il n'y a aucun effort à faire pour être éveillé. Au contraire, il suffit de voir les choses au-delà du voile de vos illusions. Une observation consciente est amplement suffisante.

Réalisez que la plupart du temps, vous combattez de toute évidence des fantômes ! Prenant vos croyances pour la réalité, vous vous perdez dans un labyrinthe que vous-même avez érigé ! N'est-ce pas hautement paradoxal ?

N'est-il pas libérateur de constater qu'il n'y a rien à faire, à part observer pour être éveillé ?

LA NATURE

DANS TOUTE SA SPLENDEUR D'INVENTION L'ÊTRE HUMAIN CHERCHE DE NOUVELLES SOLUTIONS, EN OUBLIANT QUE DAME NATURE, SON BERCEAU, LUI OFFRE DÉJÀ TOUT GRATUITEMENT.

Un scientifique entendit parler d'un médecin hindou qui prodiguait des soins très particuliers à ses patients. Intrigué, il décida d'aller à sa rencontre. Après avoir traversé une vaste forêt tropicale, il arriva au milieu d'un champ. Une seule grande maison s'érigeait à l'horizon. Il y entra et fut présenté au fameux médecin. « Votre centre ne ressemble pas du tout à nos hôpitaux », constata le scientifique avec étonnement. « Vous savez, si mes patients avaient des lits trop douillets, ils n'auraient plus envie d'en sortir. Comment pourraient-ils guérir ainsi ? », affirma le médecin en souriant. Le scientifique rit, pensant qu'il s'agissait d'une farce. Mais sa surprise fut de taille lorsqu'il vit certains patients, pieds nus, en train de labourer les champs. D'autres étaient assis sous un arbre et chantaient ou méditaient en silence. Il ne put cacher sa stupéfaction : « C'est donc cela votre méthode de guérison ? Enfin, il n'y a pas d'hospitalisation ou de médication ? » « Le meilleur hôpital est la nature et elle offre toutes les plantes médicinales dont les patients ont besoin. Ici, nous ne considérons pas la maladie comme un fléau, mais tel un appel intérieur à une reconnexion avec notre berceau qui n'est autre que Dame Nature », dit le médecin d'un ton impassible. Abasourdi par ces propos, le scientifique demanda : « Et les gens guérissent ainsi ? » Le médecin le regarda et ajouta : « Le corps a été forgé par les forces de la nature. Remettez-le dans son environnement initial et vous verrez les résultats. » Le scientifique passa deux ans auprès du médecin et constata les bénéfices incroyables d'une telle médecine naturelle. N'oubliez jamais que l'être humain se ressource au mieux dans son berceau primordial, Dame Nature lui offre gratuitement tout ce dont il a besoin !

L'INTUITION

NE PRENEZ JAMAIS POUR ACQUIS CE QU'ON VOUS A DIT. VALIDEZ TOUT PAR VOTRE INTUITION, CAR C'EST ELLE QUI VOUS GUIDE À CHAQUE INSTANT.

Un participant me dit qu'il avait fait de nombreux stages pour développer son intuition, mais qu'il avait encore de la peine à l'utiliser à bon escient. Je lui dis : « Respirer est un mécanisme naturel. Recevoir les informations parvenant de l'intuition l'est également. » Il me demanda en quoi mon séminaire lui serait bénéfique. « Ici, tu te remémoreras qu'il n'y a rien à développer, puisque tout est déjà présent », lui répondis-je.

Imaginez la situation suivante : vous sortez de la boulangerie dans laquelle vous vous rendez tous les dimanches pour aller chercher du pain frais. D'habitude, vous prenez le chemin qui tourne à droite pour rentrer chez vous. Mais ce matin, une force inexpliquée vous pousse à partir à gauche. Sans savoir pourquoi, vous suivez cette première information.

Sur le trajet du retour, vous entendez qu'un grave accident s'est produit sur la route que vous empruntez habituellement et qu'il y a un bouchon de deux heures. Avez-vous fait une analyse approfondie de la situation avant d'aller à gauche ? Non, car ce choix s'est présenté spontanément.

Que s'est-il passé en franchissant la porte de la boulangerie et déjà dans l'élan pour rentrer ? En une fraction de seconde, la situation a été vue dans son ensemble et le meilleur choix a été fait ; celui de partir à gauche.

Votre essence, qui se tient toujours à un point de vue depuis lequel tout peut être perçu, opte toujours pour le meilleur des choix. Abandonnez donc l'idée de devoir développer une faculté que vous utilisez déjà pleinement !

LE CONTRÔLE

**LA VIE NE PEUT ÊTRE MAÎTRISÉE,
MAIS VOUS POUVEZ EXCELLER DANS VOTRE
MANIÈRE DE NAVIGUER AVEC ELLE.**

Si vous pouviez, ne serait-ce qu'un seul instant, laisser tomber vos concepts, vous n'auriez plus jamais besoin de contrôler quoi que ce soit. Ni l'alimentation, ni les pensées positives ou négatives, ni les émotions et encore moins les autres. Votre mental a adopté l'idée sournoise qu'une vie épanouie résulte de sa capacité à en maîtriser tous les aspects. Prenez note des exemples suivants :

Le corps s'autogère merveilleusement bien, car il sait ce dont il a besoin. Le mental cesse d'être négatif quand il n'aspire plus à être positif. Le système émotionnel se libère naturellement de ses blocages s'il n'y a plus de lutte sous-jacente. Vous n'avez pas besoin de contrôler l'autre, parce qu'il fera de toute évidence les expériences qui lui sont bénéfiques. Comprenez que toute forme de contrôle témoigne d'une profonde peur de vivre. Quand vous réalisez cela, vous cessez de nourrir ce mécanisme.

Il est important de réaliser que la vie ne peut pas être gérée. Même si vous vous y efforciez, il y aurait toujours des éléments qui vous échapperaient. Tout l'art repose sur votre manière de naviguer avec la vie, celle-ci découle indéniablement de la relation que vous entretenez avec votre espace intérieur. Un lien solide permet d'affronter tous les aléas de la vie sans en être perturbé.

Ce pont qui vous lie à votre monde intérieur a pour constituant de base « l'accueil ». Lui seul vous permet de maintenir le cap sur un bien-être inébranlable qui n'est jamais tributaire des circonstances extérieures.

VOIR AU LIEU DE CROIRE

**TOUT CE QUE VOUS PERCEVEZ MAINTENANT
EST TEL UN TABLEAU BLANC SUR LEQUEL
TOUTE CROYANCE SE GREFFE INLASSABLEMENT,
CRÉANT AINSI VOTRE PRISON.**

Un jeune homme se trouva nez à nez avec une imposante araignée. Il sursauta et cria au secours. Le sage du village, qui était occupé à jardiner, le rejoignit. « Qu'est-ce qui te met dans cet état ? », lui demanda-t-il. Tétanisé, le jeune homme pointa son doigt sur la créature et chuchota : « J'ai peur des araignées. » Une main rassurante se posa sur son épaule et il entendit : « C'est impossible. » Le jeune homme se tourna vers lui et insista : « Je vous dis que j'en ai terriblement peur ! » Un petit sourire aux lèvres, le sage ajouta : « Tu ne vois pas l'araignée, seulement la peur que tu projettes sur elle. » Indigné, le jeune homme renchérit : « L'année passée, je me suis fait mordre ! » Il défia son aîné du regard. « Mon garçon, tu ne vois toujours pas l'araignée. À cet instant, tu ne perçois que de vieux souvenirs », rétorqua le sage avec détachement. Le jeune homme sentit une immense colère monter en lui et renvoya sèchement : « Vieil homme, ta vue est tellement affaiblie que tu n'arrives plus à voir clairement ! » L'homme savant s'approcha doucement et murmura : « Tes projections troublent définitivement ta vue. Vois ce qui est et non pas l'idée que tu t'en fais. Ainsi, tes peurs et tes souvenirs s'évanouiront et tu pourras vivre sereinement. »

Le sage sortit en riant et le jeune homme, submergé par toutes ses émotions, ne se rendit pas compte que l'araignée s'était confortablement installée sur sa chaussure.

Toutes vos croyances convergent vers un seul point : la mémoire. Tournez-lui le dos et vous constaterez qu'elle n'est qu'une simple illusion.

L'ÉQUILIBRE ÉMOTIONNEL

CHAQUE ÉMOTION PERMET UNE PROFONDE TRANSFORMATION, MAIS VOUS NE PARVIENDREZ PAS À CETTE PRISE DE CONSCIENCE SI VOTRE PREMIÈRE RÉACTION VISE À L'ÉTOUFFER COMPLÈTEMENT.

Face à toute situation de vie, posez-vous la question suivante : « Est-ce que je fais telle chose dans un élan spontané et par plaisir, ou existe-t-il une peur sous-jacente, telle que la peur d'être jugé, d'être incompris ou rejeté ? S'il y en a une, observez-la avec détachement.

Comprenez que vous n'êtes pas cette peur, mais son témoin. Il vous est uniquement possible de la voir, parce que vous vous situez en dehors. Elle ne peut donc jamais vous affecter ! Vous ne me croyez pas ? Parfait ! Je vous invite à faire un petit exercice. La prochaine fois qu'une peur se manifeste, ne dites plus « J'ai peur », mais « J'observe une peur ». Puis entamez un petit dialogue avec elle, comme si vous parliez à un ami, et demandez-lui : « Chère peur, de quoi as-tu peur ? » Tendez simplement l'oreille et observez ce qu'elle vous dit. Peut-être répondra-t-elle : « J'ai peur d'être jugée. » À cet instant, remerciez-la vivement de cette information. Allez un pas plus loin et adressez-vous à elle : « Chère peur, je t'offre tout l'espace nécessaire à ton propre épanouissement. Je te donne le droit d'exister et je t'accueille pleinement. »

Voyez-vous, il ne s'agit plus de vouloir libérer ou gérer une émotion. Au contraire, vous lui offrez simplement un espace pour qu'elle puisse enfin s'exprimer librement, sans être sévèrement jugée. Quand vous abordez les émotions dans une énergie d'ouverture et de compassion, vous leur permettez de guérir définitivement.

L'IRONIE DU SORT

**L'ÊTRE HUMAIN EST CAPABLE DE TROUVER
DES SOLUTIONS FACE À N'IMPORTE QUEL
PROBLÈME. L'UNIQUE FAILLE DANS SA MANIÈRE
D'ABORDER LA VIE, C'EST QU'IL EST PARFOIS
INCAPABLE DE CESSER DE CRÉER
DES PROBLÈMES.**

Examinez les scénarios suivants :

1) Vous nagez dans le bonheur absolu et en une fraction de seconde, une petite voix vous rappelle que cet état de plénitude ne peut pas se maintenir à long terme. Que se passe-t-il à cet instant ? Vous êtes déjà en train de créer une descente vertigineuse, et cet état de bien-être est rapidement remplacé par un état de morosité.

2) Un collègue de travail vous informe que votre nouveau collaborateur est antipathique. Votre mental, qui fait confiance à ce collègue, projette des idées préconçues sur le nouveau venu. Avant de faire sa rencontre, vous imaginez déjà de futurs problèmes. Lorsque vous le rencontrez enfin, vous ne pouvez que constater que le collègue avait raison. Est-ce le collaborateur qui est désagréable ? Non. Ce sont uniquement les pensées émises à son sujet qui le rendent ainsi.

3) Votre corps manifeste soudainement une vive douleur. Votre mental génère à nouveau un mélodrame, voyant déjà une maladie incurable ! Il se lance aussitôt dans des stratégies de lutte, ce qui va inévitablement altérer les fonctions physiques.

Remarquez-vous à quel point il vous est aisé de créer des problèmes fictifs ? Face à toute situation, prenez du recul et observez avec détachement. Basez-vous sur des faits et non pas sur des projections illusoires. Votre mental cessera ainsi de voir des problèmes là où il n'y en a pas !

LA CHENILLE ET LE PAPILLON

**TOUTE MÉTAMORPHOSE DÉBUTE
PAR UN CHANGEMENT DE CONSCIENCE.
C'EST À L'INSTANT OÙ VOUS RÉALISEZ
QUE VOUS N'ÊTES PAS UN HUMAIN
QUE VOTRE VRAIE NATURE JAILLIT.**

Un jour, une petite chenille partit explorer une vaste forêt. Elle s'arrêta devant une flaque d'eau et perçut pour la première fois son reflet. Très déçue de l'image qui lui fut renvoyée, elle continua à avancer. « Je ne suis qu'un petit être rampant », pensa-t-elle en observant un majestueux papillon qui se posa à côté d'elle. Il lui dit : « Si tu te souvenais de ta vraie nature, tu pourrais enfin te métamorphoser. » La petite chenille ne comprit rien et répondit : « De quelle transformation parles-tu ? Je suis née chenille et ainsi je mourrai. » Le papillon continua : « Si tu t'enfermes dans cette idée, tes ailes ne pourront jamais se déployer... »

Placez-vous devant un miroir, regardez ce reflet et demandez-vous : « Suis-je ce corps périssable ? Suis-je ces pensées et ces émotions qui en émanent ? Ou suis-je celui qui les perçoit ? »

Vous en êtes uniquement l'observateur. Vous êtes ce témoin silencieux. C'est à l'instant où vous réalisez que vous n'êtes pas une chenille que le papillon éclot.

Votre vraie nature est tellement vaste qu'elle ne peut être limitée par un corps, des pensées ou des états d'âme ! Jamais vous ne serez envahi par la vie, seul l'être humain est affecté par elle. Mais vous pouvez l'aider à vivre une vie épanouissante en le guidant et en l'aidant à déployer ses ailes maintenant.

LES EXIGENCES

**C'EST QUAND VOUS AVEZ LA VOLONTÉ
DE TRANSFORMER VOTRE VIE
QU'ELLE SE FIGE RADICALEMENT.
CESSEZ DONC DE VOUS OBSTINER
ET OUVREZ-LUI LES BRAS.
AINSI DÉBUTE LA TRANSFORMATION.**

« J'en ai marre de tes reproches ! », dit le mari sur un ton exaspéré. « Moi aussi, Charles, je n'en peux plus ! », objecta sa femme, furibonde. Ils me regardèrent dans l'attente d'une prise de position. La dame s'adressa à moi : « Je vous ai dit qu'il était impossible de parler avec lui. Il ne me comprend jamais. » « Parler n'est pas le problème », répondis-je sur un ton neutre. « Peut-être devrions-nous nous quitter. Ce conflit dure depuis si longtemps », ajouta le mari. « Vous seriez bien plus heureux si vous cessiez d'investir votre énergie à vouloir changer l'autre. »

Le couple me regarda, perplexe. « Bien sûr, vous êtes libres de ne plus vivre ensemble, mais cela ne changerait rien à la situation. Vous seriez voués à retrouver un partenaire qui vous obligerait inévitablement à vous confronter à la même difficulté. Ce n'est pas l'autre qui est l'obstacle à la solution, mais votre manière d'appréhender vos propres émotions. Votre partenaire, ainsi que toute personne que vous côtoyez dans la vie, reflète ces émotions que vous avez si longtemps rejetées. Cessez de leur faire la guerre. Accueillez-les maintenant à bras ouverts et vous verrez que vos disputes cesseront définitivement. »

Quand vous êtes face à une personne qui est en colère, qui a peur ou qui est submergée par la tristesse, dites-lui : « Tu as le droit de ressentir cette émotion et je t'invite à l'accueillir maintenant. » S'il ne vous est pas possible de vous adresser à elle, émettez cette phrase mentalement. La résistance s'annihilera d'elle-même et la situation changera spontanément.

LE POUVOIR DE L'ACCUEIL

**VOTRE FORCE INTÉRIEURE RÉSIDE
DANS L'ACCUEIL DE CE QUI EST,
NON DANS LE COMBAT CONTRE CE QUI EST.**

Vous êtes habité par un pouvoir qui amène chaque aspect de votre vie à sa réalisation. Je le nomme le pouvoir de l'accueil. L'accueil ne découle pas d'une forme d'analyse ou d'une compréhension et ce n'est pas non plus l'attente d'un quelconque changement. L'accueil, c'est simplement dire OUI à ce qui a lieu maintenant dans votre espace intérieur !

Observez votre corps un instant. Peut-être manifeste-t-il une tension ou une douleur ? Portez votre attention sur votre espace mental. Est-il submergé par un flot de pensées ou essaye-t-il de bannir certains aspects négatifs de la vie ? Regardez votre système émotionnel. Ressent-il de la peur, de la colère ou de la tristesse ? Dans le subconscient collectif de l'humanité, il est inscrit que tout aspect négatif doit être exclu. Je vous invite à transcender cette croyance qui alourdit péniblement votre vie. Adressez-vous à votre corps, à votre mental et à vos émotions en leur disant : « Je vous donne le droit d'être tels que vous êtes maintenant et je vous accueille pleinement. » En utilisant votre pouvoir d'accueil consciemment, vous verrez que tout problème se transformera en solution.

Vivre, c'est donner de l'espace à ce qui est. C'est permettre à chacune de vos facettes d'émerger. C'est donner la liberté au corps, au mental et aux émotions de s'exprimer. C'est transformer la lutte en une forme active d'accueil.

Alors quel choix faites-vous ? Combattre la maladie ou investir votre énergie dans la guérison ? Combattre une relation conflictuelle ou utiliser votre énergie dans la communication ? Combattre vos émotions ou investir votre énergie dans l'acceptation ?

LE MONDE EXTÉRIEUR

**LA RÉALITÉ EXTÉRIEURE N'EXISTE PAS EN SOI,
PUISQUE LA VIE EST UNE EXPÉRIENCE INTERNE.**

Lors d'un de mes séminaires, j'ai demandé aux participants d'observer certains points précis du corps, du mental et du système émotionnel, en écoutant de la musique classique. Un état de bien-être en découlait naturellement. Ensuite, nous avons fait le même exercice avec du hardcore. En moins de dix secondes, les participants se sont plaints en déclarant que ces notes étaient insupportables à entendre.

Mais qu'est-ce qu'une note ? Une note est un simple son, une onde qui transporte de l'énergie. Il n'y a pas plus neutre que cela ! Mais le mental interprète ces sons en concluant qu'il s'agit d'une musique abjecte. J'ai alors posé trois questions :

1) Quelle émotion avez-vous ressentie en écoutant du hardcore ? Les participants ressentaient de la colère.

2) Est-ce la musique qui émet de la colère ou est-ce votre système émotionnel ? Tout le monde s'apercevait que la colère provenait de l'intérieur et non pas de l'extérieur.

3) Que se passe-t-il quand vous ressentez de la colère ? Le mental se met à lutter férocement. Mais lutte-t-il contre la musique ? Non, cela n'a rien à voir avec des notes qui sont d'une énergie hautement neutre ! Le mental combat seulement la colère.

En accueillant la colère, les participants ont réussi à écouter du hardcore en étant totalement relaxés.

Voyez-vous, ce n'est jamais la situation extérieure qui pose problème, mais votre réaction intérieure face à celle-ci ! La réalité extérieure est le reflet de la réalité intérieure.

LES HYPOTHÈSES MENTALES

NE PRENEZ PAS LES HYPOTHÈSES POUR LA RÉALITÉ !

Si un tigre vous attaque maintenant, vous n'aurez pas le temps d'avoir peur. À cet instant, vous êtes uniquement dans l'action. Si vous arrivez à lui échapper, alors seulement la peur se manifeste. Elle est toujours ultérieure au moment présent et ne découle en aucun cas d'un fait réel, mais d'hypothèses mentales.

Le mental se demande ce qui aurait pu arriver et c'est ainsi que jaillit la peur. Il crée des problèmes qui n'ont pourtant aucun lien avec l'événement en question, puisqu'il s'en est sorti indemne. Mais malgré tout, une longue liste de scénarios s'enchaîne et il essaye en vain de trouver des solutions imaginaires. La peur est uniquement le reflet d'un état fictif. L'être humain souffre parce que son attention est continuellement rivée soit sur le passé, soit sur un avenir incertain. C'est cet état imaginaire qui amplifie tout problème.

Imaginez que le corps souffre d'une douleur. Vous pourriez tout simplement constater cela. Mais le mental alimente cette douleur en créant des mélodrames en une fraction de seconde. La peur se présente et la douleur s'intensifie. Pourquoi ? Parce que vous n'êtes pas détaché du mental, ce qui nourrit davantage son imagination. De cette manière, il n'arrive pas à accueillir la peur, aussi fictive soit-elle. Il la fige et elle se cristallise dans les cellules du corps. S'il n'y avait plus d'identification au mental, vous l'aideriez à transcender tous ses blocages et vous ramèneriez son attention sur l'unique réalité. Dans le moment présent, il n'y a de place ni pour les émotions ni pour les pensées. Seule l'action prédomine.

LE BIEN-ÊTRE

LE BIEN-ÊTRE N'EST AUTRE QUE L'ABSENCE DE TOUTE FORME DE LUTTE. ABANDONNEZ LA LUTTE ET VOS PROBLÈMES DISPARAÎTRONT NATURELLEMENT.

L'être humain est en quête permanente d'épanouissement. Mais qu'est-ce que le bien-être et comment y parvenir ? Fondamentalement, le bien-être n'est autre que l'absence de lutte. Mais la lutte est omniprésente, même si vous n'en avez pas toujours conscience, parce qu'elle fait partie de votre mode de vie mental. Observez-vous dans votre vie quotidienne. À combien de reprises luttez-vous ?

Le conducteur devant vous ne roule pas assez vite ; votre partenaire ne vous comprend pas ; votre enfant a des problèmes scolaires ; votre corps souffre encore. Toutes ces situations sont synonymes de lutte. La lutte est l'outil qui maintient le problème. Elle ne sert pas à le combattre, mais le fortifie immanquablement. Si vous lâchez une fois pour toutes cet outil « lutte », le problème disparaîtra naturellement.

J'accompagnais une dame atteinte de cancer. Son mari, militaire de profession, lui demandait sans cesse d'être forte et de combattre la maladie. Il n'avait pas conscience que son comportement visait avant tout à étouffer sa propre peur. Lors d'un grand moment de désespoir, je lui dis : « Si vous donnez le droit à votre femme d'être vulnérable, vous lui permettrez de trouver la force nécessaire à son rétablissement. Faites de même pour vous. Cela allégera considérablement la situation. » En intégrant son pouvoir d'accueil, il put aider sa femme à traverser sereinement cette expérience.

Réalisez que ce n'est jamais le problème qui est l'obstacle à la solution, mais la résistance face au problème.

LA PLAINTE

LA PLAINTE EST UNE PUISSANTE MESSAGÈRE. SI VOUS LUI DONNEZ LE DROIT D'EXISTER, ELLE LIBÉRERA VOTRE SYSTÈME ÉMOTIONNEL ET ELLE VOUS INDIQUERA COMMENT ACCÉDER À LA MEILLEURE SOLUTION.

Pourquoi vous a-t-on toujours dit que les choses pouvaient être pires et non pas meilleures ? Parce qu'on croit que la plainte est fondamentalement négative. Pourtant, elle est une puissante messagère parce qu'elle vous indique une disharmonie dans votre manière de collaborer avec votre espace intérieur.

Se plaindre est un acte légitime et libérateur. Dire qu'on en a marre, que la vie nous épuise, qu'on est de mauvaise humeur n'a rien de négatif en soi. Ce qui est néfaste, par contre, c'est d'étouffer la plainte par la croyance qu'il y a pire que cela dans la vie. Oui, c'est possible, mais est-ce que cette constatation vous aidera à transformer votre situation ? Certainement pas ! Au contraire, elle bloque le passage de certaines émotions, restées muettes depuis trop lontemps.

La plainte découle principalement d'une colère qui n'a pas pu être exprimée librement. Ouvrez-lui la porte maintenant et demandez-lui : « Chère émotion, qu'est-ce qui te met dans cet état ? » Ne la jugez surtout pas, mais écoutez-la attentivement. Cette colère, une fois exprimée, se dissipera naturellement.

La plainte est donc un signal émis par votre système émotionnel qui a simplement besoin de se manifester. C'est un mécanisme naturel et hautement salutaire pour le bien-être global de l'être humain.

LA PERCEPTION

**C'EST VOTRE MANIÈRE DE PERCEVOIR LA VIE
QUI REND LA VIE TELLE QU'ELLE EST.**

La vie de l'être humain ressemble à un vaste tableau sur lequel d'innombrables étiquettes se superposent. Celles-ci obstruent grandement votre perception. À chaque fois que vous mangez un aliment, que vous conversez avec votre voisin, à chaque chanson que vous entendez, de multiples étiquettes sont projetées.

Je vous invite à faire un exercice. Choisissez un quelconque aliment et demandez-vous s'il est bon. Puis posez-vous la question suivante : « Qu'est-ce qui définit si cet aliment a bon goût ou pas ? » Croyez-vous que vos papilles gustatives vous donnent cette information ? Non, elles peuvent uniquement définir si l'aliment est plutôt sucré, salé, acide ou amer. Qui est-ce qui donne le verdict, si ce n'est pas votre corps ? Le mental, qui est tellement aveuglé par ses croyances ! Cet aliment n'a ni bon ni mauvais goût. C'est juste un aliment.

À la prochaine occasion, observez tous les jugements à l'égard de votre voisin. Votre mental pensera peut-être : « J'aime bien sa coiffure et son style vestimentaire. Mais comme il est timide! Il doit sûrement manquer de confiance en lui... » Si vous aidez votre mental à déconstruire ce tableau d'étiquettes, il ne figera plus le voisin dans des limites qui ne sont pas constructives pour lui.

Choisissez une chanson que votre mental n'apprécie guère. Écoutez-la attentivement et comprenez que vous ne percevez que de simples sons. Un son est d'une neutralité absolue ; la dissonance ne découle pas de la chanson mais de l'interprétation mentale.

Si vous laissiez s'effondrer votre mode perception actuel, vous constateriez étonné que la vie est d'une neutralité absolue et que toutes les étiquettes mentales sont fondamentalement fausses !

VOUS ÊTES LA CLÉ !

**CE N'EST PAS EN CHERCHANT LA CLÉ
À VOS SOUCIS QUE VOUS LA TROUVEREZ.
C'EST EN SACHANT QUE VOUS ÊTES LA CLÉ
QUE VOTRE QUÊTE S'ARRÊTE.**

Vous avez certainement déjà mis en pratique bon nombre d'astuces pour améliorer votre vie et pour être épanoui. Peut-être avez-vous tenté d'intégrer une nouvelle manière de penser et de vivre, mais elle s'est inévitablement estompée. Pendant un certain temps, vous avez jonglé avec divers outils, toujours dans l'espoir d'en trouver un qui pourrait enfin vous apporter de l'harmonie. Y êtes-vous parvenu ? Avez-vous trouvé votre baguette magique ?

Non, et ce pour une seule raison : il n'existe aucun outil à part vous-même qui puisse transformer votre vie à tout jamais. Ce n'est pas une grande révélation, puisque vous le savez intimement. Pourquoi dépensez-vous alors votre énergie à trouver quelque chose que vous incarnez déjà ?

Je vous lance un défi. À chaque fois que vous chercherez une solution, répétez-vous mentalement : « Je n'ai pas besoin d'une solution, parce que JE SUIS la solution ! »

Observez ce qu'il se passe dans les minutes, les heures ou les jours suivants. Il est crucial de ne pas être dans l'attente, puisqu'elle fige toute situation. Répétez cette phrase en toute conscience, soyez détaché, et vous verrez que la vie vous présentera la meilleure solution qui soit ! Sans effort ni volonté, vous retrouverez l'harmonie en vous et dans votre vie.

LA TRANSFORMATION

LA TRANSFORMATION DÉBUTE DÈS L'INSTANT OÙ VOUS N'ACCORDEZ PLUS AUCUNE IMPORTANCE À L'IMAGE QUE VOUS AVEZ DE VOUS-MÊME.

La mémoire constitue le plus grand obstacle à la transformation intérieure parce qu'elle vous confine dans des croyances limitatives. Elle vous fait surtout croire qu'un changement en profondeur nécessite beaucoup de temps. Pourtant, la transformation peut se faire en un seul instant. Comment ? En rejetant systématiquement toute image de vous-même qui est générée par la mémoire. Cette approche peut paraître banale, mais elle est bien plus puissante que ce que vous pouvez imaginer.

Vous n'avez pas à atteindre un but quelconque, parce que tout est déjà présent à cet instant. Il n'y a pas de chemin qui mène à l'accomplissement, à la guérison, à l'éveil, à l'épanouissement ou à l'amour inconditionnel, parce qu'ils sont omniprésents. Vous n'avez pas non plus besoin de vous libérer de quoi que ce soit, parce que rien n'a le pouvoir de vous emprisonner, puisque la personne que vous croyez être n'existe pas ! Elle n'est que le produit d'un assemblage d'idées ! Vous auriez beau changer sans relâche l'idée que vous avez de vous-même, rien ne se transformerait pour autant. Vous persuader d'être une âme, un être de lumière ou un humain est et restera faux puisque aucun concept ne peut être imputé à votre véritable nature.

Seuls les êtres endormis croient que la vie est faite de répétitions. Un être éveillé perçoit la nouveauté à chaque instant et en toute chose ! Il n'aborde pas la vie à travers des souvenirs, mais dans une énergie de découverte permanente.

Portez un regard neuf sur chaque situation, sur chaque geste et même sur les personnes que vous connaissez déjà. Ainsi, plus rien n'est figé. Ainsi débute la transformation...

LA SIMPLICITÉ

**LA VIE EST TELLEMENT SIMPLE,
SI VOUS ÉVITEZ DE FAIRE DES EFFORTS !**

N'est-il pas amusant de constater à quel point votre mental valorise l'effort et la volonté en se plaignant d'une vie qui est trop compliquée, trop lourde à porter ? C'est paradoxal, mais commun à l'être humain. « J'ai fait beaucoup d'efforts, mais j'ai réussi ! », se dit-il fièrement. Aime-t-il à ce point les défis ? Permettez-moi d'en douter, car dans ce cas, il les aborderait avec plaisir. Or, la plupart du temps, il s'agit plutôt d'une contrainte, n'est-ce pas ? « Je dois encore affronter cela, je suis obligé de réussir, mais je peux y arriver ! », se convainc-t-il. Réussir n'est pourtant pas la question. L'essentiel est de savoir pour quelles raisons il s'efforce de relever certains défis. Je vous invite maintenant à le lui demander ! Que vous répond-il ?

Votre mental a soif de reconnaissance. Il croit malheureusement qu'en s'astreignant, il sera mieux récompensé. Mais de quelle reconnaissance a-t-il fondamentalement besoin ? De la vôtre, bien évidemment ! Si vous la lui offriez maintenant, il pourrait enfin goûter à la simplicité de la vie. La nature est un merveilleux exemple. Sa croissance repose sur un processus exempt d'effort ou de volonté. Il en va de même pour l'être humain.

Afin d'entretenir une relation saine avec votre espace mental, je vous recommande de le féliciter quotidiennement, surtout lorsqu'il accomplit les choses avec simplicité, fluidité et plaisir ! Vous constaterez que la vie est légère et passionnante !

L'ASSERVISSEMENT

**NE METTEZ JAMAIS VOTRE ESPACE INTÉRIEUR
ENTRE LES MAINS D'AUTRUI !**

Imaginez qu'une personne vous impose de vous lever tous les jours à trois heures du matin, de manger uniquement des haricots et de vous habiller d'une manière spécifique. Vous vous rebelleriez immédiatement en proclamant que vous ne lui êtes pas soumis, n'est-ce pas ? Cet exemple traite de facteurs extérieurs, mais dans votre vie quotidienne l'assujettissement prédomine a priori dans votre espace intérieur.

Observez ce qui suit : une personne a passé deux heures à préparer un met succulent. Pendant que ses invités mangent, l'un d'entre eux lui dit qu'il n'aime pas le repas. Comment réagit la personne en règle générale ? Un sentiment d'inconfort l'envahit subitement, entraînant de la gêne et parfois une forme de dévalorisation. La joie ressentie il y a quelques secondes s'évanouit aussitôt. De manière inconsciente cette personne vient de se soumettre à un jugement extérieur. La majorité des gens adoptent un tel comportement, mais ce n'est pas pour autant qu'il faut le considérer comme une normalité.

Si quelqu'un a le pouvoir de déterminer vos états d'âme, alors vous en êtes l'esclave. Réalisez-le ! Même si vous avez passé dix ans à préparer un projet professionnel qui se retrouve finalement critiqué par votre supérieur, cela ne devrait jamais déséquilibrer votre espace intérieur. Si votre relation à votre monde intérieur est suffisamment solide, vous n'octroierez plus de pouvoir aux autres.

Reprenez votre espace intérieur en main ! Créez des liens harmonieux avec lui et plus personne n'aura d'emprise sur votre météo intérieure.

LE CORPS, UN MIRACLE

NE SOUS-ESTIMEZ JAMAIS LES FACULTÉS INOUÏES DE VOTRE CORPS PHYSIQUE !

À cet instant précis, votre corps exécute des millions de fonctions simultanément. En avez-vous conscience ? Non, et heureusement pour votre mental, qui s'immisce déjà trop souvent dans la sphère physique. À cet instant, des milliers de cellules meurent. Est-ce que cela vous inquiète ? Non. Depuis la conception du corps, le cœur bat à chaque seconde. Faites-vous un quelconque effort pour le maintenir en activité ? Non plus.

Ce merveilleux outil terrestre est tellement sophistiqué qu'il ne pourra jamais être reproduit par la main de l'homme. Au-delà de sa complexité, il faut prendre conscience qu'il s'autogère avec habileté. De l'eau plate et un peu de nourriture, et voilà le résultat ! N'est-ce pas incroyable ? N'est-ce pas miraculeux ? Si vous étiez plus souvent conscient de cela, et surtout quand il est malade, vous cesseriez de le sous-estimer. Observez d'ailleurs que votre mental se préoccupe essentiellement du corps quand il manifeste un symptôme. Sinon, il lui fait tout le temps confiance !

La première cellule est née il y a fort longtemps. Elle s'est adaptée à de multiples changements. Ce micro-organisme n'a cessé d'évoluer, donnant finalement naissance à ce corps hautement sophistiqué. Aujourd'hui, plus que jamais, il est confronté à divers bouleversements. L'eau, l'air et la nourriture sont pollués. Mais, croyez-le ou non, le corps sait s'adapter!

En revanche, il existe un facteur auquel votre corps ne s'habituera jamais : le stress psychique. À moyen ou long terme, il entrave sévèrement l'équilibre physique. Le stress mental n'est pas une normalité ! Il indique que votre espace intérieur a atteint son point de saturation. Prenez quelques minutes par jour pour un tête-à-tête avec votre monde intérieur. Respirez consciemment, hydratez régulièrement votre corps avec de l'eau plate. Dialoguez avec le mental et rassurez-le pour qu'il retrouve son calme. Offrez de l'espace à toute émotion et vous préserverez les ressources énergétiques de votre corps, sans lequel l'aventure terrestre ne serait pas possible.

HORS D'ATTEINTE

RIEN NE VOUS AFFECTE QUAND VOUS RÉALISEZ QUE VOUS N'ÊTES PAS CE QUE VOUS CROYEZ.

Vous est-il déjà arrivé de vous sentir abattu par les critiques d'autrui ou d'être fier suite à un éloge ? Pourquoi êtes-vous si influençable ? Pour une unique raison : parce que vous vous identifiez complètement à votre travail, votre style vestimentaire, vos pensées ou vos émotions !

Vous avez maintes fois répété : « Je suis secrétaire, je pense, je ressens. » Cela a renforcé l'identification. Ce n'est pas parce que vous utilisez quotidiennement votre voiture que vous vous prenez pour elle, n'est-ce pas ?

Vous n'êtes pas secrétaire. C'est uniquement une fonction que vous accomplissez à un instant particulier et qui n'a aucune corrélation avec votre véritable nature. Ce n'est pas vous qui pensez, mais le mental. Vos sentiments n'ont pas le pouvoir de vous envahir, puisqu'ils touchent uniquement le système émotionnel. Alors pour quelles raisons vous encombrez-vous d'éléments qui ne vous appartiennent pas ?

Aidez votre mental à se détacher de ce que les autres disent et pensent de lui. Il y a autant d'opinions que d'êtres humains sur cette planète.

Libérez votre mental de ce besoin insatiable de reconnaissance en lui offrant votre propre reconnaissance. Valorisez-le et n'attendez surtout pas que quiconque le fasse à votre place. Ainsi, il pourra autant accueillir les compliments que les critiques, sans s'y attacher aucunement.

AIMER LIBREMENT

VOTRE AMOUR POUR L'AUTRE EST LE REFLET DE VOTRE AMOUR-PROPRE.

L'amour dont je vous parle n'implique aucune contrainte, aucun compromis, aucun sacrifice. Prenons un exemple commun : vous pensez avoir besoin de l'autre pour être épanoui, pour vous sentir utile. Pourtant, l'autre n'a strictement rien à voir avec cette croyance, puisqu'il s'agit uniquement de vos propres interprétations. Et voilà qu'un jour votre partenaire vous quitte. Vous vous effondrez, puis vous lui en voulez en vous exclamant : « Comment a-t-il pu me décevoir à ce point ? » Rendez-vous à l'évidence que ce n'est pas l'autre qui vous déçoit et ce n'est pas vous qui vous effondrez, mais votre système de pensée.

Si vous vous aimez vraiment, et ce sans raison apparente, alors vous êtes apte à aimer l'autre pour ce qu'il est réellement : un être libre, comme vous. Vous souhaitez tout le bonheur du monde à une personne qui vous est chère, n'est-ce pas ? Serait-ce toujours le cas si elle vous tournait le dos ? Quand l'amour inconditionnel prédomine, vous n'êtes plus dans l'attente et vous ne pouvez plus être déçu. Vous savourez pleinement chaque moment de partage, sans jamais avoir peur d'être quitté. Vous ne faites plus de compromis ou de sacrifices, parce que tout est offert spontanément et en résonance avec votre propre liberté d'être. Lorsque cette clarté intérieure naît, vous vous rendez compte que l'autre n'est pas présent pour combler vos besoins ou vos manques illusoires, mais pour vous faire prendre conscience que vous possédez toutes les ressources nécessaires à votre propre épanouissement.

LA LOI D'ATTRACTION

**L'AVEUGLEMENT EST LE PREMIER PIÈGE
À ÉVITER SI VOUS SOUHAITEZ RENAÎTRE
EN UN SEUL INSTANT.**

« Grâce à la loi d'attraction, ma vie s'est rééquilibrée sous maints aspects », me dit une thérapeute. « Pourriez-vous me dire dans quelle situation vous seriez maintenant si vous n'aviez pas appliqué cette loi ? », lui demandai-je, étonnée. « En effet, je n'en sais rien. Mais la loi d'attraction est une loi universelle ! Tout le monde a le pouvoir d'attirer ce qu'il désire », affirma-t-elle. « Si tel est le cas, je vous invite humblement à expliquer cette loi à un enfant qui meurt de faim. » Son enthousiasme se dissipa soudainement. « Je suis confuse, mais peut-être que cet enfant a choisi sa vie avant de s'incarner ? », reprit-elle, hésitante. « Votre mental cherche une explication, en passant de la loi d'attraction à la loi du karma. Mais que savez-vous réellement de ces deux éléments en dehors de ce qu'on vous a dit ? Si vous souhaitez parler d'une chose que vous avez apprise par ouï-dire, vous n'allez jamais rien découvrir par vous-même. Il faudrait d'abord savoir ce que vous êtes avant de vous lancer dans l'idée de pouvoir vous réincarner ou d'attirer tout ce que votre mental désire. Que subsisterait-il si vous effaciez maintenant toute image mentale à votre sujet ? En parlant du karma, savez-vous où vous étiez neuf mois avant la naissance de ce corps ? Pouvez-vous me parler d'une expérience directe, en excluant toute croyance mentale ? Pour découvrir votre réel pouvoir, qui se situe bien au-delà de la loi d'attraction ou du karma, trouvez ce que vous êtes fondamentalement. À partir de là, vous transcenderez toutes les limites de ce monde, sans concepts ni outils. »

LE JUGEMENT

**EN L'ABSENCE DE JUGEMENTS,
IL N'Y A PAS DE PLACE POUR L'IMPERFECTION.**

Qu'est-ce qui vous permet de dire d'une chose qu'elle est bonne ou mauvaise ? À partir de quoi vous est-il possible d'affirmer que telle personne est gentille ou méchante ? Vos interprétations mentales étiquettent sans cesse tout ce qui est perçu. Ce sont elles qui créent votre réalité. Réalisez qu'il n'existe aucune objectivité possible ! Seule votre subjectivité rend les choses belles ou affreuses. À chaque fois que vous vous jugez ou que vous étiquetez l'autre, vous fermez les portes à l'épanouissement. Si vous comprenez cela, vous cesserez automatiquement de porter des jugements. Il vous sera dès lors possible de voir les choses telles qu'elles sont réellement : elles sont toutes parfaites !

Si vous visualisez le mot amour, que se passe-t-il ? Il y a absence de lutte, n'est-ce pas ? Le bien-être n'est autre que l'absence de lutte. Si, au contraire, vous visualisez le mot haine, vous vous apercevrez que votre mental est soudainement dans un état de combativité. Concevez que les mots tels que l'amour, la haine, la joie ou la tristesse découlent tous d'une unique source d'énergie. Ils sont tous composés de la même énergie ! Le livre que vous tenez entre vos mains, la chaise sur laquelle vous êtes assis, les pensées, les émotions, l'air que respirent vos poumons, l'eau dans votre corps, votre voisin et les fleurs que vous cueillez dans le jardin sont une unique et même énergie ! À partir de maintenant, ne voyez plus de différences là où il n'y en a pas. Focalisez votre attention sur cette unique source d'énergie et tous vos jugements tomberont promptement.

LE BONHEUR

**LE BONHEUR NE S'ACQUIERT PAS,
PARCE QU'IL VOUS HABITE DÉJÀ !**

Un riche touriste s'était perdu dans un modeste village à l'extérieur de la ville. Il se dirigea vers une autochtone assise au coin de la rue. « Excusez-moi, madame », dit-il en s'approchant d'elle. « Vous m'avez l'air bien perdu », répondit-elle en souriant. « Je cherche le centre-ville », ajouta-t-il en regardant l'environnement avec un certain dédain. « Pourquoi ? Vous n'aimez pas mon village ? », poursuivit-elle, surprise. L'homme grommela quelques mots inaudibles. « Vous savez, avant, j'étais comme vous. Je courais après les belles choses parce que j'étais convaincue qu'elles me rendraient heureuse. » La dame lui donna une petite tape sur l'épaule et continua en riant : « Pour aller en ville, il vous suffit de suivre la rivière. » Confus, l'homme se tut pendant un instant. Avant de prendre congé, il lui tendit maladroitement un billet en guise de remerciement. La vieille dame refusa poliment. « Vous m'offrez de l'argent et c'est très gentil. Si je pouvais, je vous offrirais mon cœur pour que vous puissiez ressentir ce bonheur qui vous habite déjà et qui ne peut être comblé par quoi que ce soit... »

Rendez-vous à l'évidence que vous n'avez besoin de rien pour être heureux. Le bonheur est ancré en vous. Cessez de le chercher ailleurs !

Quand vous observez que votre mental est en quête d'épanouissement, ce qui l'en éloigne forcément, rappelez-lui la phrase suivante : « Le vrai bonheur est en toi ! »

LE CORPS DE SOUFFRANCE

QUAND L'ÊTRE HUMAIN TRAÎNE UN BOULET DEPUIS SA NAISSANCE, IL EN OUBLIE FACILEMENT SA PRÉSENCE.

Chaque être humain vient au monde avec un sac à dos rempli d'informations qu'il n'a pas choisi. J'appelle ce bagage "le corps de souffrance". Il invite à une lutte épuisante qui affecte le corps, le cœur et l'esprit, ainsi que toute situation de vie. L'état de combativité ne fait pourtant pas partie de votre véritable nature. Tel un gène « défectueux », il a été transmis à votre mental dès son plus jeune âge. À chaque fois que vous résistez à une douleur, à une pensée ou à une émotion, le corps de souffrance prend de l'ampleur et continue à diriger votre vie à votre insu. La plupart de vos actes découlent de lui.

Puisque l'être humain traîne ce boulet depuis sa naissance, il en oublie facilement sa présence. À combien de reprises vous êtes-vous retrouvé dans des situations que vous ne pouviez pas comprendre, malgré tout le travail d'introspection ? Combien de fois vous êtes-vous juré de changer définitivement certains de vos comportements ? Comprenez que tous vos problèmes sont issus de ce corps de souffrance et qu'ils ne vous appartiennent aucunement !

Face à toute situation qui engendre de la résistance, je vous recommande de garder cette phrase à l'esprit : « Cette situation ne m'appartient pas, mais je l'accueille toutefois. » En maintenant cet état de conscience, vous n'entrez plus en résonance avec ce bagage héréditaire. Dès lors, il n'a plus aucune emprise sur votre vie.

VOTRE GÉNIE INTÉRIEUR

NUL BESOIN DE CHERCHER UNE VOIE PRÉCISE, PUISQUE VOTRE GÉNIE INTÉRIEUR VOUS GUIDE.

Tina, âgée de sept ans, passait tout son temps libre à peindre. Un jour, son père entra brusquement dans sa chambre et la réprimanda sévèrement. « As-tu vu tes notes en mathématiques ? Es-tu vraiment aussi stupide ? Je suis mathématicien et tu me fais honte, Tina ! », s'exclama-t-il, furibond. Dans un accès de rage, le père lui arracha son pinceau. Hélène, la nourrice, se précipita dans la chambre. Indignée, elle dit au père : « Depuis des années, vous vous focalisez uniquement sur ses faiblesses, mais avez-vous conscience de son talent artistique ? » Elle lui tendit un portrait sur lequel il figurait. Ébahi par cette habileté et cette perfection, le père se tut finalement. « Tina n'est peut-être pas douée en mathématiques, mais elle est un génie artistique », ajouta la nourrice. Dix ans plus tard, Tina devint une célèbre peintre en Italie.

Vous êtes unique et vous possédez un don qui vous est propre. Comme pour Tina, vos facultés innées ont toujours été présentes. Vous n'avez donc pas besoin de les chercher, puisqu'il vous suffit de les laisser émerger.

Tout ce que vous faites sans effort ni volonté, mais avec aisance, amusement et simplicité est le reflet de votre don. Focalisez votre attention sur ces éléments et vous accomplirez des merveilles à chaque instant !

LA VOIX DU CŒUR

**LA VOIX DU CŒUR SUIT TOUJOURS
LA VOIE DU BONHEUR !**

« Je travaille dur, je fais beaucoup d'efforts, mais malgré tout, je ne parviens pas à atteindre mes objectifs. Je suis exténué par cette vie », avoua une personne qui suivait mon séminaire Nutri-Émotion.

« Il n'est pas surprenant d'être fatigué si vous nagez continuellement à contre-courant. L'effort est présent, parce que vous faites quelque chose qui ne vous tient pas à cœur. La voix du cœur choisit toujours la voie du bonheur », lui répondis-je doucement.

« Si je ne fais rien, rien ne se passe ! », protesta-t-elle vivement.

« Il ne s'agit pas de ne rien faire, mais de faire ce qui est juste et bon pour vous ! Laissez-vous transporter par ce qui vous anime profondément et vous ne serez plus jamais épuisé. Au contraire, vous ressentirez à nouveau le souffle de la vie et vous naviguerez avec lui en toute sérénité. »

« Vous me parlez comme si j'avais la liberté de changer ma vie ! », me dit-elle en riant nerveusement.

« Vous avez tout compris. Si ce n'est pas pour vous que vous vivez ici, alors à quoi bon tout cela ? Si vous pensez d'abord à votre bien-être et si vous agissez à partir de ce mouvement intérieur, vous offrirez systématiquement votre bien-être à l'humanité. Ce que vous faites pour vous est également bénéfique pour les autres. »

LA CONFIANCE

**LA CONFIANCE,
UN MOT ALLÉCHANT
MAIS VIDE DE SENS.**

Il y a d'innombrables personnes qui viennent me consulter dans le but de développer leur confiance. Avant d'entamer quoi que ce soit, je leur demande : « Qu'est-ce que la confiance, pour vous ? » Très souvent, elles sont incapables de répondre à cette question. Et vous, arrivez-vous à la définir ? Est-ce une manière précise de penser ou une attitude spécifique à adopter ? J'entends votre silence à distance...

Il est surprenant d'observer à quel point l'être humain court après des mots vides de sens. La confiance est un concept parmi tant d'autres, mais elle génère énormément d'argent. De nombreux cours sont mis en place et l'être humain, endormi et aveuglé par ses croyances, se précipite, dans l'espoir de retrouver quelque chose qu'il n'arrive même pas à définir ! Avant de vous lancer dans une course effrénée vers la confiance, asseyez-vous un instant et remettez-la en question ! Au passage, je vous invite à faire de même avec les mots suivants : la gentillesse, l'égoïsme, la spiritualité et l'éveil.

L'être humain qui n'a pas remis ses croyances en question est facilement manipulable. On lui fait croire que maintes choses lui manquent dans la vie pour être épanoui. « Développez votre confiance, achetez telle chose et vous serez heureux ! », lui rappelle-t-on à longueur de journée. Mais ce message va au-delà du sentiment de bien-être puisqu'il touche principalement à son amour-propre.

Ne vous enfermez plus dans des mots, n'essayez plus de combler quoi que ce soit. Vous découvrirez, émerveillé, que tout ce que vous cherchiez vous habite déjà !

RÉVEILLEZ-VOUS !

**SI VOUS AVEZ L'IMPRESSION
QUE LA VIE EST FAITE DE RÉPÉTITIONS,
C'EST PARCE QUE VOUS DORMEZ PROFONDÉMENT !**

Votre réveil sonne, vous ouvrez les yeux et à cet instant, toutes vos illusions se projettent sur ce moment présent. Sans vous en rendre compte, votre mémoire vous joue le même tour tous les matins. Elle vous rappelle votre nom, votre âge, vos douleurs, vos maladies, vos qualités, vos défauts, les erreurs et les souffrances du passé, vos peurs profondes et surtout votre incapacité à vous sortir d'une toile de souvenirs dans laquelle vous êtes englué tel un moustique prêt à se faire dévorer. Et vous vous étonnez que, malgré tous vos efforts et le travail fait sur vous-même, rien ne change en profondeur ? Vous n'avez besoin d'aucune thérapie, parce qu'il vous suffit de vous réveiller d'un cauchemar qui n'est que fiction !

Pourquoi êtes-vous confronté à des schémas répétitifs ? Simplement parce que vous permettez à votre mémoire de réactiver des croyances qui ne sont pas réelles. Elle les projette sur tout aspect de votre vie !

Si vous regardez ce corps en permettant à la mémoire de s'y greffer, alors vous verrez votre corps à travers les yeux de celle-ci. Observez ce mécanisme en toute conscience et vous vous en libérerez définitivement !

Demain, en ouvrant les yeux sur ce monde, rappelez-vous : « Toutes ces pensées, ces croyances et ces projections qui se manifestent maintenant n'ont rien en commun avec ce que je suis. Elles apparaissent et disparaissent parce que je ne leur offre plus aucune attention. »

L'INDULGENCE

**AYEZ DE L'INDULGENCE,
SURTOUT ENVERS CEUX QUI N'EN ONT PAS.**

J'étais dans la voiture d'un collègue qui venait de passer une journée éprouvante. Devant nous, un véhicule roulait au ralenti. Très agacé, il maudit le conducteur : « Prends un vélo, si tu ne sais pas conduire ! » Furibond, il constata qu'il ralentissait davantage. « Quel imbécile, il le fait exprès ! L'humanité m'exaspère parfois ! », aboya-t-il. Soudain, la voiture freina brutalement et nous ne pûmes éviter de l'emboutir. Dans une colère explosive il sortit de la voiture et rejoignit le conducteur. Il vit alors le visage décomposé d'une femme en sanglots affalée sur son siège. « Est-ce que ça va ? », lui demanda-t-il avec précaution. Sa colère disparut subitement. « Excusez-moi, je suis perdue. Mon mari vient de décéder et je suis déboussolée », gémit-elle. Mon collègue l'aida à sortir de la voiture et la serra dans ses bras. Il se sentit honteux de s'être emporté contre cette femme en deuil. Dès lors, il ne critiqua plus jamais personne.

Soyez indulgent envers vous-même et les personnes qui vous entourent. Comme vous, elles ont toutes leurs propres histoires de vie, qui peuvent être accablantes par moments. Offrez-leur votre bienveillance, surtout quand votre mental est sur le point de les juger gratuitement. Peu importent leur actes, ouvrez-leur votre cœur, amenez un peu de douceur. Ce faisant, vous apporterez de la lumière non seulement à votre espace intérieur, mais également à toutes les personnes que vous côtoyez.

LA SOLUTION

VOUS N'AVEZ PAS BESOIN DE TROUVER DES SOLUTIONS, PARCE QUE LA VIE VOUS LES OFFRE SPONTANÉMENT QUAND VOUS ARRÊTEZ DE LES CHERCHER !

J'ai une bonne nouvelle pour vous et qui allégera considérablement votre vie : vous n'avez plus besoin de trouver de solutions, parce que celles-ci se présentent spontanément quand vous cessez de les chercher. N'est-ce pas merveilleux ? Mais la bonne nouvelle ne s'arrête pas là ! Dans l'absolu, vous n'avez rien à faire, parce que tout se manifeste spontanément. Ce n'est pas de l'utopie, mais de la clairvoyance. L'être humain fait partie intégrante de cette vie, même s'il n'en a plus conscience. L'unique faille chez l'être humain, c'est qu'il croit être séparé de la vie. Cela l'amène inévitablement à lutter pour survivre. C'est avec effort qu'il cherche à s'épanouir. C'est avec beaucoup de complications qu'il essaye de trouver de simples solutions. N'est-ce pas paradoxal ?

Si vous permettiez maintenant à cet être humain de se laisser porter par la vie, au lieu de vouloir la contrôler, alors tout problème se transformerait en solution.

Oui, mais comment faire concrètement ? C'est très simple ! Bannissez de votre mental tout vocabulaire qui induit une notion d'effort. Oubliez tous les « je dois, il faut, j'ai la volonté de, il y a encore du travail à faire… ». Ne remplacez ces expressions par rien d'autre.

Cette simple modification vous donnera un nouveau point de vue sur la vie et vous réaliserez que tout problème trouve toujours sa solution !

LA MORT

**SEULE LA MÉMOIRE MEURT.
TOUT LE RESTE TRANSCENDE L'ESPACE
ET LE TEMPS.**

J'accompagnais une personne en fin de vie qui m'avoua, le cœur lourd : « Aujourd'hui, je fête mes quatre-vingt-six ans. Je suis proche de la mort et j'en ai peur. Tout ce que j'ai bâti dans ma vie, je vais devoir le quitter, même si je n'en ai pas envie. Toute cette énergie investie à combler mes désirs ! En fin de compte, je repars les mains vides. »

Je lui répondis : « Dans la vie, rien n'est permanent. Le corps et les pensées changent continuellement. Vous possédez certaines choses, puis vous les perdez à nouveau. Cela fait partie du mouvement de la vie. Mais vous, qu'êtes-vous au-delà du corps, des pensées et des émotions ? Puisque vous n'êtes pas né, vous ne pouvez pas mourir. N'attachez pas trop d'importance à vos réussites, à vos biens, à tout ce que vous avez appris ou à votre façon de penser, car tout cela s'évanouira à la fin de cette vie humaine. Par contre, n'oubliez jamais que votre essence ne peut être ni quantifiée, ni altérée par le temps. »

Si vous abordiez la vie en ayant conscience que rien n'y est jamais permanent, vous seriez beaucoup plus détaché de tout ce qui vous entoure à chaque instant. Vous comprendriez qu'il est inutile de vous accrocher à quoi que ce soit, puisque tout disparait tôt ou tard. Je ne veux pas paraître défaitiste ou fataliste, je vous invite simplement à observer un mécanisme qui est propre à la vie. En accueillant cette réalité, vous vivrez intensément.

Vous n'avez rien à perdre et rien à gagner. Ce que vous êtes est et sera toujours. Alors après quoi courez-vous finalement ?

LE MIROIR

**L'AUTRE VOUS PERMET D'OBSERVER
LES JUGEMENTS QUE VOUS PORTEZ
À VOTRE PROPRE ÉGARD.**

« Tu es trop sérieux ! Dans la vie, il faut apprendre à lâcher prise ! », dit le fils à son père. « Oh, c'est intéressant ! », répondit le père en riant. « Ce n'est pas drôle, papa ! », renchérit le jeune homme, vexé. « Au contraire, c'est très amusant, mon fils ! Ne vois-tu donc pas que c'est toi qui es trop sérieux ? Si tu le perçois chez moi, c'est inévitablement en lien avec ton profond désir de lâcher prise. Tu projettes le mot sérieux sur moi, et quand je me mets à rire, tu te vexes. »

L'autre est un merveilleux miroir. Il vous permet d'observer les jugements que vous portez à votre propre égard et il vous aide à vous en libérer en toute conscience.

Écoutez votre mental lorsqu'il parle à quelqu'un. L'entendez-vous dire : « Tu devrais lâcher prise, t'aimer davantage, laisser derrière toi le passé, te faire confiance, t'ouvrir à la vie » ? Tous ces conseils émanent de ses propres désirs. Et un désir est intimement lié à un manque.

Demandez-vous maintenant : « Est-ce que je souhaite lâcher prise, m'aimer davantage, me libérer du passé ? » Oui, n'est-ce pas ? Remerciez votre mental pour cette prise de conscience ! Répondez-lui en disant : « Cher ami mental, je te donne le droit de lâcher prise, de t'aimer davantage, de laisser derrière toi le passé. » En l'écoutant parler et en dialoguant avec lui, vous ôtez tout ce qui barre la route au bien-être.

L'INTERCONNEXION

TOUT EST UN.

À chaque instant, vous interagissez avec un monde soi-disant physique et extérieur à vous. Vous pensez être un individu séparé, possédant vos propres pensées et émotions, mais il n'en est rien. Tout ce que vous percevez maintenant n'est qu'une seule et même énergie qui lie toute chose en un point central : vous !

Imaginez que cette énergie soit telle une vaste toile, qui lie en permanence tous les êtres vivants. Celle-ci est surtout sensible aux émotions. Si une souffrance jaillit quelque part à l'autre bout du monde, toute la toile se met à vibrer. Tous les êtres vivants reçoivent cette information, parce qu'ils sont dotés d'une intelligence émotionnelle. Vous ressentez les vibrations de cette toile lorsqu'un changement d'état d'âme survient soudainement ou lorsque des pensées accablantes s'immiscent dans votre tête qui n'ont aucun lien avec ce que vous vivez à cet instant.

Il est important que vous sachiez que la majorité de vos pensées et de vos émotions ne vous appartiennent pas. Elles sont uniquement le reflet d'une conscience collective.

Puisque vous êtes le point central de cette vaste toile, vous pouvez aider chaque être à distance. Comment ? En accueillant toute pensée et toute émotion dites négatives, même si elles ne vous appartiennent nullement.

LA DOULEUR

**TOUT DÉSÉQUILIBRE DÉBUTE
PAR UN MANQUE D'ÉNERGIE.**

Imaginez qu'une douleur surgisse maintenant. Comment réagit votre mental ? Il s'inquiète et cherche les causes probables de cette manifestation. Une douleur est a priori du ressort physique. Pourquoi faire appel au mental dans ce cas ? Que se passe-t-il pendant qu'il analyse la situation ? L'écoute du corps n'est plus possible, puisque votre attention ne peut se fixer que sur une seule chose à la fois. Qu'est-ce qu'une douleur, au-delà de la sensation physique ? C'est une énergie qui n'arrive plus à circuler librement. Avant que votre mental ne rebondisse en se questionnant sur les raisons de ce blocage énergétique, je vous suggère d'aborder cette manifestation physique dans un ordre de priorité. Tout débute toujours par votre Pouvoir d'Accueil. Accueillir cette douleur, cette énergie, est primordial. Fournissons maintenant quelques explications à votre ami mental. Toute manifestation physique découle fondamentalement d'une insuffisance hydrique corporelle. Celle-ci est principalement provoquée par le stress mental, premier facteur de déshydratation. L'eau, qui est la première source d'énergie pour le corps, n'arrive plus à pénétrer à l'intérieur des cellules. Elles sont privées d'énergie et génèrent un signal d'avertissement qui peut être transmis sous forme d'une douleur. Que faire à ce stade de compréhension ? D'abord, adressez-vous à la douleur en lui disant : « Chère douleur, je te remercie de cette information et je te donne le droit d'exister. » Ensuite, hydratez votre corps en respirant ventralement. Voici la base du bien-être, mais je vous invite à consulter mon site www.nassrinereza.com, qui vous offrira davantage d'explications au sujet de l'eau et de son influence sur votre corps, votre cœur et votre esprit.

LE PARTAGE

**L'ÊTRE HUMAIN ASPIRE À L'ABONDANCE,
MAIS EST-IL PRÊT À PARTAGER
CE QU'IL POSSÈDE DÉJÀ ?**

« Quels sont vos vœux de bonheur pour le monde ? », demanda le professeur aux élèves. Un élève répondit : « Le partage et la paix dans le monde. » Un autre ajouta : « La protection des animaux et de la nature. » Et le dernier renchérit : « La disparition de l'espèce humaine ! Ainsi, il y aura la paix et la protection de tous les êtres vivants sur cette planète. » Abasourdi, le professeur s'adressa à lui : « Cher enfant, ne crois-tu pas que l'être humain peut s'améliorer ? » L'enfant le regarda fixement et répondit : « Je vis seul avec ma mère handicapée. Nous n'avons pas assez d'argent pour manger. Allez-vous nous aider ? » Embarrassé, le professeur se tut.

Il existe encore un réel écart entre ce que l'être humain désire pour le monde et ce qu'il est vraiment prêt à lui offrir. Tant qu'il se considérera comme un individu séparé du monde, rien ne pourra changer. Mais dès qu'il comprendra que l'humanité est sa famille et que le bien-être global influence inévitablement le sien, alors la situation mondiale changera.

L'être humain qui n'a plus peur de manquer offre spontanément et sans raison apparente. Il n'attend jamais rien en retour, puisqu'il comprend que ce geste de charité lui est également bénéfique. Tout ce que vous offrez aux autres est un cadeau envers vous-même.

Alors, qu'êtes-vous prêt à offrir aujourd'hui ?

L'ÉTERNITÉ

**L'ÊTRE HUMAIN VAQUE À SES OCCUPATIONS
DANS UN AUTOMATISME PARFOIS EFFRAYANT.
PENSANT QUE « DEMAIN » EST UNE NORMALITÉ,
IL OUBLIE QU'« AUJOURD'HUI »
EST UN PRÉCIEUX PRÉSENT.**

Comment vivez-vous vos journées ? Dans quel ordre de priorité placez-vous les choses ? Avez-vous à l'esprit qu'aujourd'hui est un jour offert par la grâce de la vie ?

Lorsque vous avez conscience que cet instant peut être le dernier, vous abordez la vie d'une toute nouvelle manière. Vous vous rendez compte que rien n'est jamais acquis. Ni les personnes que vous chérissez, ni les choses que vous possédez ne sont éternelles. Dans cet état de lucidité, vous percevez clairement ce qui est essentiel à vos yeux. Qu'est-ce qui vous tient réellement à cœur ? Posez-vous la question et agissez en fonction de la réponse, du mieux que vous pouvez.

Endormez-vous le soir le cœur léger, sans rancune, sans non-dits, mais empli de paix et dans un espace d'accueil infini. Pour ce faire, il est indispensable d'être à l'écoute votre for intérieur. Observez si certains éléments entravent son bien-être. A-t-il besoin de transmettre certaines informations à des personnes précises ? Il a peut-être juste envie de dire « je t'aime » ? Si tel est le cas, allez dans ce sens sans plus perdre de temps.

La vie de l'être humain est d'une courte durée. Accompagnez-le avec douceur, saisissez chaque opportunité, car demain est incertain !

LA DÉCEPTION

« COMMENT ÉVITER LES DÉCEPTIONS ? »
« EN VOUS LIBÉRANT DE VOS ATTENTES... »

N'avez-vous pas déjà pensé : « J'ai souvent rendu service à telle personne, mais quand j'ai besoin d'elle, elle n'est pas disposée à m'aider » ?

Cette constatation entraîne de la déception et déclenche une remise en question quant aux qualités que vous conféries à telle personne. Cependant, cette désillusion n'a aucun lien avec la personne. Au contraire, ce sont uniquement vos propres attentes qui génèrent ce sentiment. Vous avez inconsciemment projeté vos désirs sur elle. Puisque son comportement ne correspond plus à l'image que vous vous faisiez d'elle, la déception s'ensuit inévitablement. Observez à quel point l'attente est omniprésente. La plupart de vos actes en découlent. Tel un être assoiffé, vous attendez de la vie qu'elle étanche vos désirs.

Quand vous rendez service à une personne sans rien attendre en retour ou lorsque vous accomplissez une tâche avec votre cœur, vous ne pouvez plus être déçu. Vous comprenez soudainement que le résultat importe peu, parce que l'essentiel réside dans ce qui est vécu maintenant. Par conséquent, vous ne figez plus une relation à travers vos propres exigences et vous ne vous focalisez plus sur un avenir incertain. Pour vous aider à lâcher prise sur toute forme d'attente, je vous conseille d'intégrer la phrase suivante : « Chère attente, cher désir, je vous remercie d'être présents, mais sachez que tout est déjà parfait maintenant ! »

En abandonnant vos attentes avec sérénité, vous remarquerez que la vie vous offre bien plus que ce que vous auriez pu imaginer !

LA CONNAISSANCE

VOUS POUVEZ APPRENDRE D'INNOMBRABLES CHOSES, MAIS ELLES NE RÉVÉLERONT JAMAIS VOTRE NATURE PROFONDE.

Un professeur partit découvrir le patrimoine historique d'une vieille citadelle iranienne. Il s'arrêta devant une imposante statue sur laquelle était inscrit : « Seule la vie subsiste, car le temps efface tout sur son passage. » Intrigué, le professeur releva cette phrase dans son petit cahier. Derrière un autre vestige, il vit un vieux yogi assis et vêtu d'un tissu poussiéreux. Discrètement et sans vouloir le déranger, il prit de la distance et entendit soudainement : « Que cherchez-vous ici ? » Le professeur sursauta et se tourna. « Je suis professeur d'histoire et je cherche un nouveau sujet pour mes élèves », dit-il. « Un sujet d'histoire ? Vous ne trouvez pas cela d'une futilité absolue ? », lança le yogi. L'historien se sentit vexé et rétorqua : « Rester assis et méditer n'amènera pas à de nouvelles connaissances. » Le yogi ajouta : « L'être humain explore les fonds océaniques et la vastitude de l'univers, mais que sait-il de lui-même ? Le plus intéressant des sujets n'est autre que soi, car tout le reste s'estompe avec le temps. »

On vous a raconté d'innombrables histoires à votre sujet. Vous les avez intégrées à votre insu. Mais que savez-vous de vous-même en dehors de tout ce qui a été dit ? Je vous invite à remettre en question tout ce que vous pensez savoir de vous-même et de la vie. Une brèche s'ouvrira ainsi et permettra enfin l'exploration de votre nature profonde.

Si vous souhaitez faire de nouvelles découvertes, il est avant tout indispensable de vous dépouiller de toute forme de connaissance préalable ! Faites le grand saut, plongez dans l'univers de l'inconnu !

LA TRANSPARENCE

**L'HONNÊTETÉ EST UN DON
QUE TOUT LE MONDE POSSÈDE,
MAIS PEU DE GENS L'UTILISENT À BON ESCIENT.**

À combien de reprises avez-vous dit « oui » au lieu de dire « non » ? Plus d'une fois, n'est-ce pas ? Croyez-vous qu'il est impossible de répliquer par : « Je ne suis pas disposé à t'aider maintenant » ? Serait-ce si horrible ? Est-ce si terrifiant d'être honnête ? Durant combien de temps encore souhaitez-vous jouer à ce jeu malsain, et à qui cela profite-t-il finalement ? Ni à vous, ni à l'autre. Si vous ne vivez pas pour vous avant tout, alors à quoi bon vivre ?

Soyez enfin à l'écoute de votre espace intérieur, faites-lui ce précieux cadeau ! Osez décliner les demandes d'autrui si elles ne résonnent pas avec lui. Les résultats ne sont jamais bons si vous faites les choses à contrecœur.

Observez que vous n'êtes pas coupable de la situation d'autrui. Ôtez ce poids de vos épaules. Chacun vit ses propres expériences et elles sont toutes bénéfiques. Reconnaissez que vous faites du mieux que vous pouvez, ce qui est déjà parfait !

Déculpabilisez votre mental quand il dit « non » et félicitez-le quand il avoue honnêtement ce qu'il pense et ressent. Il n'y a rien de négatif à ne pas être disposé à aider l'autre, mais il est néfaste pour vous et pour l'autre de faire semblant.

En étant attentif aux messages de votre espace intérieur, vous permettez à l'autre de faire de même. Quand vous êtes dans l'incapacité de soutenir une personne, vous lui permettez de faire appel à ses propres ressources intérieures. N'est-ce pas hautement salutaire ?

LE CŒUR, LE VÉRITABLE MESSAGER

**QUAND VOUS OSEZ REGARDER
CE QU'IL Y A DANS VOTRE CŒUR,
ALORS VOUS VOUS OUVREZ AU BONHEUR.**

« Je n'arrive pas à communiquer avec ma femme sans me sentir rejeté », m'avoua le mari de ma patiente. « Alors cessez de parler et accueillez d'abord la peur de ne pas être aimé », lui répondis-je doucement. « Comment l'autre pourrait-il me comprendre si je ne lui parle plus ? », me demanda-t-il, confus. « Votre mental parle tellement, mais dit-il l'essentiel ? Il n'y a que des explications, des arguments et des questions-réponses sans fin. Mais ce que votre système émotionnel ressent ne pointe que très rarement son nez. Vous pouvez dialoguer avec l'autre pendant toute une vie sans accéder à une compréhension mutuelle. L'essentiel ne se transmet jamais par le mental, mais par ce qui est ressenti, là, au plus profond de votre cœur. Par peur de ne pas être aimé, l'être humain n'ose que très rarement exprimer ses émotions et souvent, il confond l'expression émotionnelle avec des jugements. Dire qu'on est triste, en colère ou qu'on a peur n'est pas une faiblesse, mais une ouverture à soi et à l'autre. Alors soyez libre de dire ce qu'il y a dans votre cœur et permettez à l'autre d'être libre dans sa réaction. Le plus précieux cadeau que vous puissiez vous faire ainsi qu'à votre partenaire, c'est de mettre vos émotions à nu. Dans cette transparence, l'essentiel peut enfin être perçu. »

Les gens pensent souvent qu'il faut trouver « le bon moment » pour parler avec l'autre. Ils attendent que des circonstances « propices » à la discussion se manifestent. Ce faisant, ils oublient que le meilleur moment est toujours le moment présent !

L'ÉDUCATION

**L'ÉDUCATION REPOSE SUR UNE ÉCOUTE
ET UN SOUTIEN MUTUELS.**

La mère d'un enfant âgé de trois ans me parla de ses désirs : « Je souhaite que mon fils devienne un grand virtuose, car il possède toutes les facultés pour réussir. Je n'ai jamais eu l'opportunité de faire ce que je voulais, alors je veux pouvoir lui offrir tout ce dont il a besoin. » Je regardai l'enfant, qui tenait fermement son violon, et l'invitai à sortir. « Est-ce que votre enfant aime jouer du violon ? », demandai-je à sa maman. « Oh, si vous saviez comme il joue bien ! », répliqua-t-elle fièrement. « Madame, vous ne répondez pas à ma question », ajoutai-je. « Je suppose », avoua-t-elle, soudainement hésitante. « Et si vous lui posiez la question ? » La mère me regarda, choquée. « Un enfant de trois ans ne peut pas encore savoir ce qu'il aime. C'est aux parents de lui montrer le chemin. » Elle me défia du regard. « Quel chemin ? Le chemin de la réussite, de la performance ? Je n'ai pas la prétention de vous dire comment éduquer votre enfant. Observez simplement si vous ne transposez pas vos propres exigences et vos manques sur lui. Votre père ne vous a pas permis de devenir violoniste, n'est-ce pas ? » Son visage se transforma soudainement et fit apparaître une profonde tristesse. Elle soupira : « En effet, j'avais tout le potentiel pour mener à bien une carrière de soliste. Mais mon père estimait que faire des études était plus important. Vous savez, je veux simplement que mon enfant soit heureux. » « Je vous suggère de dire à votre fils qu'il peut librement choisir ses passions. Ce faisant, il découvrira ce qui l'anime réellement et vous créerez ainsi une relation épanouissante avec lui. »

LES SIGNES

VOUS VOYEZ DES SIGNES LÀ OÙ IL N'Y EN A PAS !

Est-ce que le chiffre treize, le papillon et la couleur violette évoquent quelque chose de particulier pour vous ? Pour la plupart et selon la culture, ils représentent d'importants symboles. Aujourd'hui, ces symboles sont expliqués dans de nombreux ouvrages. Que se passe-t-il quand votre mental lit : « Le papillon est annonciateur d'une profonde transformation » ? Cet insecte aura soudainement une incroyable importance à ses yeux et quand il en percevra un, il sera convaincu que la vie lui transmet un message. Stimulé par cette croyance, le mental scrutera l'horizon dans l'attente d'un profond changement.

Croyez-vous que la vie passe son temps à placer des signes dans votre champ de vision pour que vous puissiez y déceler un message, indispensable à votre évolution ? Pensez-vous qu'elle aime à ce point jouer aux devinettes ? Si elle devait attendre que chaque être humain trouve enfin l'explication à des signes que son propre mental projette, alors l'humanité en serait encore à ses balbutiements !

La vie n'est pas une énigme, mais une force naturelle qui s'autogère merveilleusement bien. Elle ne lance pas de défis à l'être humain et ne lui demande pas non plus d'interpréter de soi-disant symboles. Non, elle est beaucoup plus simple que cela. À chaque instant, elle guide l'être humain pour qu'il soit au bon endroit, au bon moment. Ni plus, ni moins. Nul besoin de « déchiffrer » la vie. Il suffit de la vivre tout simplement...

L'ESPACE INTÉRIEUR

CE QUE VOUS CHÉRISSEZ DANS VOTRE ESPACE INTÉRIEUR SE MANIFESTE NATURELLEMENT À L'EXTÉRIEUR.

Vous avez tellement besoin d'être aimé. Mais arrivez-vous à vous aimer tel que vous êtes maintenant ?

Par moments, vous souhaiteriez être compris. Mais comprenez-vous votre propre fonctionnement ?

Face à la solitude, vous auriez besoin d'une oreille. Mais entendez-vous les messages de votre for intérieur ?

Dans votre grande générosité, vous aimeriez aider le monde. Mais quelle aide vous offrez-vous avant tout ?

Vous désirez vivre dans un monde harmonieux et dans lequel la liberté d'être prédomine. Mais vous êtes-vous libéré de vos propres conditionnements, afin de retrouver votre harmonie ?

Tout commence toujours par soi. Au lieu de vouloir modifier certains aspects de votre vie, mettez tout votre cœur à recréer l'harmonie dans votre for intérieur. Soyez généreux à son égard, offrez-lui ce dont il a besoin et vous verrez qu'il s'emplira d'une joie profonde et constante. Vous êtes doté d'une telle sagesse ! N'hésitez pas à nourrir cet espace intérieur avec votre lumière.

Ce que vous chérissez dans votre espace intérieur se manifeste naturellement à l'extérieur. C'est sur ce simple principe que repose toute la mécanique de la vie.

LA GRATITUDE

LA GRATITUDE PERMET DE RECONNAÎTRE QUE TOUT CE QUI PARAÎT A PRIORI NORMAL EST AU FOND EXCEPTIONNEL.

Comment avez-vous débuté votre journée ? Sereinement, ou dans un stress qui vous rappelait tout ce qui devait être fait aujourd'hui ? Dans quel état vous êtes-vous couché hier soir ? En paix et heureux d'avoir pu vivre une nouvelle journée, ou encombré d'innombrables pensées ?

Même s'il paraît anodin de se poser ces deux questions, elles sont pourtant fondamentales à votre bien-être. Comprenez que si vous vous levez le matin dans un état de stress, en apnée (!) et submergé de pensées, ces prochaines vingt-quatre heures seront pénibles à vivre.

Vous avez le pouvoir de créer une journée unique et mémorable. Une journée qui soit empreinte de gratitude et de légèreté !

Comment faire ? Établissez une relation d'amour avec votre corps, votre mental et votre système émotionnel, et vous transformerez chaque moment ordinaire en une expérience extraordinaire. Souvenez-vous que rien ne vous est dû, mais que tout vous est humblement offert si vous collaborez avec eux dans une énergie de gratitude infinie.

Commencez cette journée en remerciant votre corps, votre cœur et votre esprit ! De cette manière, vous savourerez chaque instant en toute conscience.

LA PERSONNE

**UN CORPS EST NÉ, VOUS VOUS Y ÊTES ASSOCIÉ,
ET À CET INSTANT LE JEU DE LA VIE A COMMENCÉ.**

L'identification est la racine de toute forme de souffrance et elle vous maintient dans l'illusion. Tous les matins, lorsque vous vous réveillez, elle vous chuchote : « Tu es une personne, tu possèdes une forme physique et un nom, tu penses de telle manière, telle chose t'appartient et pour accéder au bien-être, tu dois faire maints efforts. » C'est la répétition qui forge une croyance et au fil du temps, vous vous êtes affermi dans l'idée d'être une personne.

Quand j'étais enfant, mes parents m'offrirent un magnifique oiseau. Il chantait à chaque fois qu'il voyait des congénères sur le bord de la fenêtre. Le cœur déchiré et dans une certaine naïveté, je décidai de lui rendre sa liberté. À ma grande surprise, il ne s'échappa jamais. Mes parents m'expliquèrent qu'il n'osait pas sortir de sa cage, parce qu'il y était né. Cette prison était devenue son unique demeure.

Mais vous, vous n'êtes pas né dans une cage ! Vous n'êtes ni né, ni voué à mourir. Votre essence est intemporelle et ne peut être réduite à un agrégat d'idées. La personne que vous croyez être est telle une cage dorée. Celle-ci vous donne l'impression d'être limitée à tout niveau. Comprenez que vous n'avez pas besoin de briser la cage ou de trouver une issue ! Il vous suffit de réaliser que cette prison n'existe que dans un état imaginaire. Cessez de rêver, réveillez-vous maintenant ! Les tribulations de la condition humaine ne peuvent jamais atteindre votre vraie nature, puisqu'elle ne fait pas partie du monde manifesté.

LE MANQUE, UN CERCLE VICIEUX

**RIEN NE VOUS MANQUE,
PARCE QUE VOUS POSSÉDEZ DÉJÀ TOUT !**

La plupart des gens courent après quelque chose dans l'espoir d'être enfin heureux. Pourtant, le courant naturel va à l'encontre de ce mécanisme qui vous colle trop souvent à la peau. Comprenez que vous ne pourrez jamais être épanoui demain si vous ne l'êtes pas maintenant ! Arrêtez de vous dire : « Quand j'aurai trouvé un partenaire, quand mon corps sera parfait, quand j'aurai un bon travail et une profonde confiance, alors je serai heureux ! » En pensant de cette manière, vous vous éloignez davantage du bonheur !

L'épanouissement est le précurseur de tout changement dans votre vie. Peu importe votre situation actuelle, aussi affligeante soit-elle, cessez de croire qu'il vous manque maintenant un élément particulier pour goûter au bien-être. Le cas échéant, vous allez perpétuer votre malheur, et ce peut-être jusqu'à la fin des temps !

Même si vous avez de la peine à réaliser que vous êtes déjà parfait, je vous invite à vous y cramponner avec ferveur ! Si votre mental arrête de juger la situation et qu'il l'observe avec détachement, alors l'illusion du manque tombera promptement, ce qui générera de l'abondance à tout niveau.

Si vous êtes d'accord, utilisez cette phrase à chaque fois que votre mental perçoit un manque : « Je suis déjà parfait et les circonstances de ma vie le sont également. Je peux pleinement jouir de cet instant présent. »

LA RÉACTION

**LORSQUE VOUS ESSAYEZ D'ÉVITER
UNE RÉACTION CHEZ L'AUTRE, C'EST PARCE QUE
VOUS FUYEZ VOS PROPRES ÉMOTIONS.**

Quel comportement adoptez-vous face à une personne en colère ? Si votre réaction est identique à la sienne, c'est parce que vous luttez contre vos propres colères. Dans l'absolu, vous ne ressentez jamais aucune émotion, mais uniquement la lutte sous-jacente. C'est l'état de combativité mentale qui est l'obstacle, non pas l'émotion elle-même. Le mental veut faire taire les émotions dites négatives, et plus il essaye, plus elles paraissent s'intensifier. À nouveau, ce n'est pas l'émotion qui prend de l'ampleur, mais l'état de lutte. Votre mental fonctionne ainsi parce qu'il s'est soumis à un mode de pensée duel. Il est aveuglé par l'idée qu'il existe de « bonnes » et de « mauvaises » émotions. Quel être endormi ! Ouvrez-lui les yeux ! Un sentiment est un sentiment, point. Il n'y a pas plus neutre que cela ! Une émotion ne provoque jamais aucun malaise. Seule l'interprétation mentale rend un sentiment déplaisant ou délicieux. Si vous réalisez cela maintenant, vous comprendrez que la colère n'existe pas en tant que telle, seul subsiste l'état de lutte.

Observez votre réaction mentale face au comportement d'autrui. Si l'émotion de l'autre a la moindre influence sur vous, c'est parce que vous n'avez pas encore libéré toute résistance mentale. Vous pouvez aisément transcender ce mécanisme en utilisant cette phrase : « Cher mental, je te dispense de la lutte et de toute forme de dualité. » Votre mental cessera alors de s'épuiser inutilement et retrouvera son propre équilibre.

L'AMOUR NE SE MÉRITE PAS !

**QUAND L'ÊTRE HUMAIN
NE CHERCHE PLUS À ÊTRE AIMÉ,
ALORS IL EST LIBRE D'AIMER
INCONDITIONNELLEMENT.**

On vous a fait croire que vous aviez tellement besoin de l'amour des autres pour pouvoir vous aimer. « Sois gentil, poli, serviable, présentable, confiant, talentueux et le monde t'aimera ! » Voilà le lavage de cerveau auquel votre mental a été soumis. Il est malheureusement convaincu que l'amour se mérite. Quel chemin de vie affligeant ! Tant de compromis, de sacrifices, de contraintes, juste pour obtenir une miette d'amour. Votre mental est devenu un mendiant. Si vous arrivez à le reconnaître maintenant, vous pourrez enfin aimer librement.

Librement signifie sans attentes et sans rancunes. L'autre n'a pas pour rôle d'assouvir vos désirs, parce que vous n'en avez pas besoin ! Certaines croyances vous pourrissent littéralement l'existence puisqu'elles induisent une forme de dépendance mentale.

Il existe deux forces qui régissent ce monde. L'une se nomme « amour » et l'autre « peur de ne pas être aimé ». L'une vous incite à faire des choses parce que vous avez conscience de votre amour-propre. L'autre, par contre, vous fait croire que vous devez faire diverses choses afin de pouvoir vous aimer. Alors quel chemin de vie empruntez-vous aujourd'hui ? (Extrait du livre *La Nutri-Émotion*, Éditions Ariane.)

Inondez votre cœur d'amour et ce, gratuitement, sans raison apparente. Ce faisant, vous abolirez toute forme d'assujettissement affectif et vous serez à nouveau libre d'aimer inconditionnellement.

LE FILM

**LA VIE EST TEL UN FILM
DONT VOUS ÊTES UNIQUEMENT L'OBSERVATEUR.**

Imaginez que vous soyez dans une salle de cinéma équipée d'un grand écran blanc. Sur cet écran est projeté un film qui porte un titre alléchant : *La Vie de l'être humain*. Vous êtes tellement pris par le film que vous oubliez soudainement que vous en êtes le simple spectateur.

Vous vous identifiez inconsciemment à l'acteur principal, qui n'est autre que l'être humain. Vous avez l'impression de vivre sa vie, de ressentir ses émotions. Vous pleurez et riez avec lui. Finalement, arrive la fin du film. Complètement absorbé par les images qui défilaient sur l'écran, vous vous êtes oublié pendant un certain temps.

Cet exemple n'est pas qu'une fiction. Tous les jours et à maintes reprises, vous vous confondez avec l'être humain qui est dans ce film et, ce faisant, vous perdez de vue l'essentiel : vous, cet observateur silencieux.

À votre avis, que vous arrivera-t-il quand ce film, cette vie se terminera ? Absolument rien. Croyez-vous que les aléas de la vie humaine ont le pouvoir de vous influencer ? Non, jamais. Pensez-vous être né et voué à mourir ? Non, puisque vous ne vivez pas dans la dualité.

N'est-ce pas merveilleux d'observer que la vie se déroule spontanément, sans que vous ayez besoin d'intervenir et que rien ne peut jamais vous atteindre ?

LA PRESSION

**LA PRESSION GÉNÈRE
D'INNOMBRABLES COMPLICATIONS !**

« Arrête d'avoir peur, David ! Descends cette pente, on ne va pas y passer toute la journée ! Un garçon n'a jamais peur ! » Le père fixa durement son fils, âgé de cinq ans, qui apprenait à faire du ski. Blessé par ces paroles, David se mit à pleurer. « Oh non, ne commence pas avec ça ! Un garçon ne pleure pas non plus ! Descends ou je viens te chercher ! », hurla le père, attirant le regard des passants. J'observai la scène depuis une terrasse et ne pus m'empêcher de rejoindre l'enfant.

« Salut David. Je m'appelle Nassrine. Est-ce que ça va ? » L'enfant se blottit dans mes bras. Le père nous rejoignit immédiatement. « Qui êtes-vous ? », me demanda-t-il sèchement.

« Je suis moniteur de ski », inventai-je spontanément. « Vous tombez bien ! Mon fils a peur de descendre cette ridicule petite pente. Peut-être arriverez-vous à le persuader ! »

Je me penchai et murmurai ces quelques mots à l'enfant : « Tu as le droit d'avoir peur, David, mais la peur ne t'empêche pas de t'amuser. » Son visage s'éclaircit soudainement et il descendit la pente en souriant.

Le père me demanda, surpris : « Mais que lui avez-vous dit ? C'est quand même incroyable ! Il ne m'obéit jamais ce garçon ! »

« Monsieur, cela n'a rien à voir avec de l'obéissance. Votre fils n'a pas peur de skier. Il est tétanisé parce qu'il a peur de vous décevoir. »

LA SAGESSE

**LA SAGESSE,
C'EST RECONNAÎTRE
QU'IL N'Y A RIEN À ATTEINDRE.**

Au début du dix-huitième siècle, un yogi perse vivant dans un petit village retiré du monde attira la curiosité de milliers de personnes dans son pays. Toutes celles qui lui rendirent visite rentrèrent transformées. Un habitant, surpris par tout ce qu'il avait entendu à son sujet, se mit à sa recherche. Après trois semaines, il le trouva enfin. Il fut invité à s'asseoir dans une petite pièce et il attendit pendant de longues heures. Ayant presque perdu espoir, il vit enfin le yogi. « Cher yogi, je suis honoré de vous rencontrer », dit-il en inclinant la tête. Le yogi sourit, sans dire un mot. « Je viens vous voir parce que je souhaite retrouver la paix en mon âme. » Le yogi répliqua : « Très bien. À partir de maintenant, je vais te nourrir, t'offrir tout ce dont tu as besoin, mais à une seule condition. » « Quelle est cette condition ? », demanda l'habitant. « Rester assis dans cette pièce, jusqu'à ce que tu trouves la paix », expliqua le yogi. L'homme s'exécuta et, au bout de sept jours assis à ne rien faire, il dit au yogi : « Je ne ressens toujours pas la paix. Quelle est mon erreur ? » Le yogi lui dit : « Trouve ce qui t'empêche d'être en paix. » L'homme se résigna et essaya encore. Après un mois d'acharnement, il sortit déçu de la pièce et s'adressa au yogi : « Je n'arrive pas à déterminer ce qui m'empêche d'être en paix. » Le sage le regarda avec compassion et dit en riant : « Eurêka ! »

La sagesse naît d'une profonde lucidité et vous ramène à l'inéluctable évidence que toute quête est vaine, puisque tout est déjà présent.

NE SOYEZ PAS TROP SÉRIEUX !

**COMMENT SOUHAITEZ-VOUS
ACCÉDER À UNE VIE EMPLIE DE LÉGÈRETÉ
SI VOUS VOUS PRENEZ TROP AU SÉRIEUX ?**

Un jeune homme rejoignit mon séminaire sur le thème « Ne soyez pas trop sérieux ! ». Il s'assit et écouta attentivement. Après quelques minutes, il me dit : « Excusez-moi, je n'ai pas tout compris. » « Ce n'est pas grave. La vie n'a pas besoin d'être comprise car il suffit de la vivre », lui répondis-je spontanément. Surpris, le jeune homme demanda : « Que puis-je faire si je n'ai rien compris ? » « Je vous invite à danser devant tout le monde ! » « Vous vous moquez de moi ? Je ne suis pas un pitre ! », dit-il, énervé. « Ce n'est pas parce que vous faites le pitre que vous êtes un pitre. Si vous réalisiez cela, vous vous prendriez moins au sérieux et vous allégeriez considérablement votre vie. Le nœud du problème est toujours le même. Vous êtes continuellement dans un processus d'identification. Par conséquent, vous contrôlez les gestes, les pensées, la conduite, les émotions. Vous vous enlisez dans une lourdeur accablante ! La vie n'est pas sérieuse, mais votre mental l'est trop souvent. Il oublie facilement que la vie s'écoule en une fraction de seconde, n'est-ce pas ? » Touché par ces mots, il se leva et se mit à danser. Une profonde joie émanait de lui et des éclats de rire résonnèrent dans toute la salle. Après quelques minutes, il s'exclama, euphorique : « Je ne savais pas que j'aimais à ce point danser ! »

Chaque jour, apprenez à votre mental à être moins sérieux. Donnez-lui le droit de faire le pitre, de rire spontanément. Invitez-le à faire des choses qu'il n'a jamais osé faire et qui n'ont pas d'importance. Ainsi, il abordera la vie avec légèreté, ce qui dénouera forcément tous ses problèmes !

LA GUÉRISON N'EST PAS UN MIRACLE, MAIS UN PROCESSUS NATUREL !

SI VOUS PENSEZ QU'IL N'EXISTE AUCUN REMÈDE À VOS MAUX PHYSIQUES, N'OUBLIEZ JAMAIS QUE VOTRE CORPS EST LE REMÈDE PAR EXCELLENCE.

Toute manifestation physique est le support d'une émotion qui n'a pas été accueillie. La maladie est une précieuse messagère, parce qu'elle vous invite à goûter à la peur. Non pas à la peur de mourir, mais fondamentalement à la peur profonde de vivre ! Tout ce que vous étouffez émotionnellement est tôt ou tard exprimé physiquement. La maladie vous permet de libérer toutes les parties de votre for intérieur qui ont été opprimées. Ne vous sentez aucunement coupable, car vous n'en êtes pas responsable. Mais vous pouvez maintenant apporter l'aide la plus précieuse qui soit à votre corps, en vous posant trois questions fondamentales :

« Quelles sont ces peurs que j'ai si longtemps refoulées ? Pourquoi ne me suis-je pas permis de les ressentir et de les exprimer ? Comment puis-je apporter plus de liberté dans mon for intérieur ? »

La maladie est présente pour amener des choses essentielles à votre conscience. Au lieu de vous dire « la maladie m'empêche de faire », demandez-vous ce qu'elle vous permet d'expérimenter. En ayant ce nouveau regard sur elle, vous saisirez intuitivement tous les messages indispensables au rééquilibrage.

N'oubliez jamais que le corps possède des ressources inimaginables, alors faites-lui aveuglément confiance ! S'il a le pouvoir de créer un symptôme, il peut également le faire disparaître.

VIVRE PLEINEMENT
L'INSTANT PRÉSENT

VOUS NE POUVEZ PAS ÊTRE HEUREUX DEMAIN SI VOUS NE L'ÊTES PAS MAINTENANT !

« Dans votre enseignement, vous dites qu'il faut laisser notre passé derrière nous pour vivre pleinement le moment présent. Pourtant, il n'y a pas que de mauvaises choses dans mon passé », me dit l'un des participants. Je lui répondis : « Je ne vous invite pas à abandonner votre passé parce qu'il y a de mauvaises choses en lui, mais parce que toutes ces choses sont mortes. Autant les bonnes que les mauvaises. Cessez de traîner ce cadavre avec vous. Il vous empêche d'être conscient de ce qui a réellement lieu dans votre moment présent. Vous comprendrez soudainement que chaque instant peut être le dernier et, ce faisant, vous le vivrez pleinement. »

À combien de reprises durant la journée repensez-vous au passé ? Plus d'une fois, n'est-ce pas ? Si votre attention glisse du moment présent au passé, il vous est impossible de goûter au bien-être. La source de toute harmonie éclot à cet instant précis. Je vous invite à lire le petit texte ci-dessous à chaque fois que votre mental ressasse un passé révolu et non rectifiable. Vous serez étonné d'observer à quel point il sera apaisé.

Cher mental, arrête-toi un instant. Ferme les yeux et respire calmement. Comprends que tu ne peux pas être heureux demain si tu ne l'es pas maintenant. Observe qu'en dehors de toute agitation, il subsiste un espace intérieur, empli d'une paix profonde. Fusionne avec elle à chaque respiration. Ainsi, tu apprendras à vivre pleinement chaque instant, sans attache ni résistance.

LA DÉPRESSION

**LA DÉPRESSION EST SALUTAIRE,
PARCE QU'ELLE MET EN LUMIÈRE
TOUT CE QUI EST RESTÉ DANS L'OBSCURITÉ.**

« Tout s'effondre autour de moi, je ne sais plus quoi faire », balbutia ma patiente. Elle souffrait de dépression depuis de longues années. « Vous pouvez être fière de vous », lui dis-je avec compassion. « Mais fière de quoi ? Je suis anéantie ! », protesta-t-elle. « Qu'est-ce que la dépression ? C'est un signal émis par votre for intérieur qui vous indique que toute la pression accumulée dans le passé est en train d'être libérée. Contrairement à ce que la plupart des gens pensent, la dépression est salutaire, parce qu'elle met en lumière toutes les émotions qui sont restées dans l'obscurité. Grâce à elle, votre espace intérieur peut établir une nouvelle relation à la vie et choisir consciemment ce qui lui correspond réellement. Regardez en arrière et réalisez à quel point vous luttiez dans le passé contre vos émotions. Grâce à la dépression, elles peuvent enfin émerger. Ayez conscience que ce n'est pas vous qui vous effondrez, mais votre système de pensée. Votre mental a heureusement réalisé que son ancien fonctionnement était un lourd fardeau et, avec beaucoup de courage, il l'a finalement jeté par-dessus bord. Vous pouvez vraiment être fière de lui », lui répétai-je. Elle pleura toutes les larmes de son corps et avoua : « Je me suis oubliée pendant de longues années et j'ai lutté à maintes reprises pour garder le contrôle sur ma vie. » « Cette prise de conscience permet à votre espace intérieur de fixer des priorités, afin de ne plus jamais sombrer dans l'oubli. Vous n'êtes pas dépressive. Vous êtes le témoin de la dépression. Gardez cela à l'esprit et accompagnez la dépression jusqu'a sa guérison. »

L'ÊTRE ÉVEILLÉ

**UN ÊTRE CONDITIONNÉ
A APPRIS À CONTRÔLER LA VIE.
UN ÊTRE LIBRE A APPRIS À DANSER AVEC ELLE.**

Un être libre n'attache aucune importance à son passé. Seul le moment présent est observé. Il n'a pas besoin d'être approuvé, parce que la peur de ne pas être aimé s'est naturellement dissipée. Un être libre ne cherche pas la connaissance dans les livres, mais dans ses propres expériences de vie. Il ne ressent pas la solitude, parce qu'il sait que rien n'est séparé. Il vit sa vie sans effort ni volonté, mais avec amusement et curiosité. Un être conditionné connaît d'innombrables choses. Un être éveillé sait qu'il ne sait rien. Ainsi, il vit dans la découverte permanente...

En accordant plus d'attention à votre monde intérieur, en le plaçant au centre de votre vie, vous permettrez à cet être libre de renaître. Il ouvre une nouvelle dimension qui repose principalement sur trois piliers :

1) Le détachement : un être libre sait apprécier chaque instant, sans toutefois s'y accrocher aucunement. Il embrasse tout ce qui se présente mais le laisse aussitôt repartir sans résistance.

2) La perception : il regarde les situations au-delà de la dualité, sans jamais émettre aucun jugement. Il sait intimement que toute circonstance est propice à l'épanouissement.

3) La gratitude : un être libre reconnaît que chaque moment présent est un cadeau offert par la vie et le chérit avec toute sa bienveillance.

Alors qu'attendez-vous pour donner naissance à cet être libre ?

L'ATTENTION

**SEULE VOTRE ATTENTION VOUS PERMET
DE VIVRE CONSCIEMMENT.**

Observez un instant votre main. La ressentez-vous ? Focalisez toute votre attention sur celle-ci. Vous la ressentez davantage, n'est-ce pas ? Maintenant, concentrez-vous sur un objet placé dans votre champ de vision. Est-ce que la sensation dans la main est la même ? Non, l'intensité a changé. Quand votre attention est portée sur la main, des sensations se manifestent. Détournez-la de la main et la sensation s'évanouit. Pourtant, la main n'a pas disparu. Cette main est comme le moment présent. Ce n'est pas un état qui apparaît et disparaît soudainement. Il est omniprésent. Mais vous ne le ressentez plus, parce que votre attention est continuellement axée sur une chose précise dans votre vie quotidienne : le mental. Le matin, quand le corps se réveille, votre attention est absorbée par ce mécanisme. Focalisez-vous sur une pensée et en une fraction de seconde, vous êtes plongé dans un état imaginaire. À partir d'une seule pensée, tout un film s'enchaîne. Des émotions viennent s'y ajouter, ce qui rend cette fiction faussement réelle.

À combien de reprises votre mental se perd-il dans un état de rêve au cours d'une seule journée ? Pensant à hier ou à demain, il se coupe de la réalité. Il passe de merveilleux moments avec son entourage sans pour autant en avoir conscience, puisque son attention vagabonde inlassablement.

Désormais, fixez votre attention sur le moment présent et vous vivrez intensément. Vous préserverez non seulement le bien-être de votre corps, de votre mental et de votre système émotionnel, mais vous accroîtrez aussi leur énergie de manière considérable.

.

LA VISUALISATION

**SI VOUS VOUS PERDEZ DANS L'IMAGINAIRE,
VOUS RÉDUISEZ VOTRE VIE À UN RÊVE.**

Vous êtes-vous déjà amusé avec des techniques de visualisation ? Pensiez-vous qu'en imaginant un corps en bonne santé, un mental empreint de confiance et une vie parfaite, les choses se manifesteraient de cette manière ?

Certaines techniques de visualisation affirment que vous avez le pouvoir d'attirer toute chose à vous, simplement en focalisant votre attention sur vos désirs. C'est ce qu'on vous a fait croire et bon nombre de personnes s'y appliquent quotidiennement avec ferveur.

Il n'y a rien de mal à stimuler le mental avec de l'imagination. Mais se persuader que la vie fonctionne ainsi ne va pas la modifier pour autant. Si vous observiez votre mental de plus près, vous constateriez qu'à l'instant où il émet une pensée inhérente au futur, il essaye d'éviter ce qui a lieu dans le moment présent. Le mental est si souvent en « mode fuite » qu'il ne s'en rend plus compte. Il fuit les douleurs physiques, les blessures du passé et toute autre circonstance déplaisante.

Que se passe-t-il exactement quand, face à la maladie, votre mental visualise la guérison ? Il est dans un processus de rejet ! Que rejette-t-il, à votre avis ? La maladie ? Non, l'émotion sous-jacente qui est forcément négative. Vous vous dites peut-être qu'imaginer un corps sain alors qu'il est malade vous fait du bien. Cela soulage votre mental, mais dans votre corps strictement rien ne change. Lors de mes recherches, j'ai pu observer qu'aucune pensée, aussi sublime soit-elle, n'a le pouvoir de modifier quoi que ce soit. Seul l'accueil de l'émotion permet un changement durable. En aidant votre mental à accueillir pleinement l'émotion qui se présente face à une quelconque situation, il cessera de visualiser quoi que ce soit. Il abandonnera son mécanisme de lutte, ce qui transformera votre vie définitivement.

LA SPIRITUALITÉ

IL N'EXISTE RIEN D'AUTRE À PART VOUS DANS CE MONDE !

« On m'a parlé de guides, d'êtres de lumière et de l'intuition. Mais moi, que suis-je dans tout cela ? », m'interrogea une patiente.

« Un jour, on vous a dit vous êtes ceci et le lendemain vous êtes cela. Est-ce que vous vous êtes rapprochée de la vérité pour autant ? La vérité est une évidence, non pas une croyance malléable à souhait. Elle est permanente et elle n'est soumise à aucun changement, aussi subtil soit-il. Elle vous sera spontanément dévoilée quand vous cesserez de vous identifier à ce que vous n'êtes pas. C'est aussi simple que cela ! À partir de quoi pouvez-vous affirmer qu'un guide et que l'intuition existent ? Cela est uniquement possible parce que vous êtes avant tout, n'est-ce pas ? Si vous n'êtes plus, le guide, l'intuition ou la vie n'ont plus lieu d'être. Quand vous parlez à votre guide et qu'il vous répond, qui est-ce qui parle à cet instant ? Lorsque vous recevez une information de l'intuition, d'où provient-elle ? Croyez-vous encore qu'il existe quoi que ce soit d'autre à part vous dans ce monde ? Ne voyez-vous donc pas que ce monde n'est que votre propre reflet et que rien n'est jamais séparé ? »

Vous êtes antérieur à toute manifestation. Pour qu'elle puisse apparaître, vous devez être avant tout. Alors, à qui parlez-vous, si ce n'est qu'à vous-même ? Voyez votre essence en toute chose !

LES RÉPONSES

LA RÉPONSE EST TOUJOURS ANTÉRIEURE À LA QUESTION !

Au cours d'une seule journée, un nombre illimité de questions s'entrechoque dans la tête de l'être humain. Il court sans cesse après des réponses et c'est exactement en agissant de cette manière qu'elles lui échappent.

Il a été établi qu'une question mène à une réponse. C'est logique, n'est-ce pas ? Pas du tout ! Il s'agit d'une aberration !

La réponse est toujours antérieure à la question ! C'est parce que vous détenez déjà la réponse qu'il vous est possible de formuler une question. L'une ne va pas sans l'autre. Si votre mental est actuellement dans la confusion, c'est parce qu'il est en train de déconstruire un schéma, ce qui est parfait ! La vie est tellement simple. Elle vous offre toutes vos réponses avant même que vous ayez le temps d'intellectualiser une question. Il vous suffit d'en avoir conscience.

Si votre espace mental est sans cesse rempli d'interrogations, il ne peut plus y avoir suffisamment de place pour les réponses. C'est pourtant simple comme raisonnement, n'est-ce pas ? Chercher une réponse, c'est faire un énorme détour sur elle.

Quand la prochaine question apparaîtra, je vous invite tout d'abord à ne pas vous accrocher à elle et à focaliser votre mental sur cette phrase : « La réponse est déjà présente et elle se manifeste naturellement si tu ne la cherches pas. »

Cher lecteur, avez-vous encore des questions ?

LA PHOBIE

**SI VOUS ACCUEILLEZ VOS ÉMOTIONS,
LES PHOBIES DISPARAÎTRONT.**

Sarah, une jeune mère de famille, vint me consulter parce qu'elle était terrifiée par les guêpes. Je lui ai demandé si elle avait subi un traumatisme en lien avec ces insectes, mais aucun événement particulier n'avait marqué son mental. Par contre, elle releva que sa mère avait toujours souffert d'arachnophobie. Nous nous retrouvâmes dans un parc très fleuri. Malgré sa crispation, je l'invitai à fermer les yeux et à focaliser son attention sur la respiration ventrale. Je lui ai conseillé d'écouter attentivement le bourdonnement des guêpes qui butinaient derrière elle. Je lui dis : « Vous n'avez pas peur de ces insectes. Vous appréhendez la peur. Puisque vous la fuyez si souvent, cette émotion se transpose sur un support tel que les guêpes et ce, simplement dans le but d'être vue et reconnue. Imaginez que cette émotion se tienne face à vous. Regardez-la, offrez-lui enfin un moment d'attention. Cette peur a été si souvent rejetée par votre mère et par vous-même. Elle est tel un enfant orphelin qui cherche désespérément un abri. Seriez-vous d'accord pour lui offrir un petit espace, afin qu'elle puisse enfin s'épanouir ? » Tremblante, Sarah fit signe de la tête. « Visualisez cette énergie émotionnelle qui pénètre maintenant dans toutes les cellules du corps. Telles des fleurs qui éclosent à la lumière du soleil, ces cellules s'ouvrent par le truchement de cette émotion et l'intègrent complètement. Toute résistance se dissipe naturellement et l'énergie circule à nouveau librement. » Sarah ne put retenir ses larmes. Elle avait enfin cessé de lutter, non pas contre les guêpes, mais contre cette vieille peur. Elle resta dans le parc et contempla les insectes tout l'après-midi…

LA RÉUSSITE

**LA RÉUSSITE DÉCOULE DE VOTRE CAPACITÉ
À COLLABORER AVEC VOTRE ESPACE INTÉRIEUR.**

Qu'est-ce que la réussite pour vous ? Est-elle corrélée à une carrière professionnelle, à la fondation d'une famille ou à l'aboutissement d'un quelconque projet ? La réussite dont je vous parle n'a a priori aucun lien avec votre vie extérieure, car elle se centre essentiellement sur votre espace intérieur. Dans quel état est-il la plupart du temps ? Tourmenté, nerveux, assailli par une vague de pensées et de questions. Essayez de vous souvenir de la dernière fois où votre for intérieur a passé une journée entière dans un état de béatitude et de paix profonde. Une seule journée sans anxiété et sans rumination paraît impossible.

La réussite ne se base pas sur un succès quelconque. La réussite, c'est pouvoir être en paix, face à toutes les circonstances. Il est là le vrai défi de la vie humaine. Cette paix découle de votre capacité à collaborer avec votre for intérieur. Quand votre relation à lui est fermement établie, alors vous avez réussi à tout niveau. Tout succès est l'extension d'une paix intérieure. Un jour, un entrepreneur me demanda : « Quels conseils me donneriez-vous pour mieux gérer mes employés ? » Je lui répondis : « Tout débute toujours par soi. Apprenez à collaborer avec votre corps, votre mental et vos émotions et vous serez apte à diriger votre travail. » Sceptique, il suivit l'un de mes séminaires et revint me voir six mois plus tard. Il m'avoua que la gestion de l'entreprise ne lui posait plus aucun problème et qu'il n'avait jamais réalisé de tels bénéfices. Je lui répondis en riant : « Voyez-vous, il suffisait de recréer un ordre intérieur pour qu'il se manifeste à l'extérieur. La vie est aussi simple que cela ! »

LE BUT DE LA VIE

**QUAND ON GOÛTE À LA GRANDEUR DE LA VIE,
TOUTE QUÊTE DE SENS DEVIENT DÉRISOIRE.**

« Quelle est ma mission de vie ? », m'interrogea un jeune homme. Je lui répondis : « Toute quête est mentale. Si vous cherchez votre mission de vie, c'est parce que vous êtes aveuglé par des imperfections illusoires à votre sujet. Vous n'avez aucune tâche à accomplir, car tout se produit naturellement. Nul besoin de parfaire quoi que ce soit, puisque l'équilibre se maintient à chaque instant. » « À quoi est-ce que je sers alors ? », continua-t-il. « La vie se suffit à elle-même. Cessez donc de chercher car toute tentative est vaine. Au lieu de courir après vos désirs, ayez le courage de rester assis et regardez ce qui a lieu au-delà du voile de vos illusions. Ainsi, toute quête s'évanouit, permettant à la splendeur de votre essence de renaître en un seul instant. »

Si l'être humain vivait intensément chaque instant dans un état de communion avec ce qui est, jamais il n'accorderait de l'importance à une telle question. Il est si souvent égaré dans ses pensées, et donc éloigné de l'essence même de la vie, qu'il essaye par une forme de raisonnement de s'y agripper. La plupart des êtres humains considèrent les questions telles que « Pourquoi suis-je né ? Quelle est ma mission de vie ? Quel est le but de la vie ? » comme hautement spirituelles. Pourtant, elles témoignent toutes d'une incompréhension profonde quant à l'essence de la vie. Il n'y a aucun but à la vie, parce qu'elle n'aspire à rien ! La vie est parfaite, là, maintenant. Ces questions n'auraient pas lieu d'être si la grandeur de la vie était réellement perçue. Vous vous rendriez compte qu'il n'y a rien à parfaire, et par conséquent la notion du but s'évanouirait. Le mot « pourquoi ? » deviendrait dérisoire et serait remplacé par un état de béatitude constant.

VOTRE PARTENAIRE

**L'IMAGE QUE VOUS AVEZ DE VOTRE PARTENAIRE
N'A AUCUN LIEN AVEC LUI.**

Peut-être avez-vous déjà vécu une situation dans laquelle vous aviez l'impression de ne plus reconnaître votre partenaire ? C'est assez déconcertant pour le mental, n'est-ce pas ? Soudainement, il a le sentiment d'être face à une personne étrangère. Pourquoi un tel revirement de situation ? Que se passe-t-il à cet instant d'incompréhension ? L'espace mental ressemble à une vaste bibliothèque dans laquelle chaque mot est minutieusement répertorié dans un dossier spécifique. Voyons ce qu'il y a dans votre dossier « partenaire ». De manière générale, on y trouve des mots tels que l'amour, la gentillesse, la compréhension, la sécurité, l'écoute, le romantisme, la tendresse, la sexualité, le désir, l'estime. Votre partenaire correspond au moins à quatre-vingts pour cent à ces descriptions. Mais arrive un jour où votre partenaire a perdu le sens du romantisme. Votre mental s'affole car un des critères ne coïncide plus avec son dossier « partenaire ». La peur se manifeste et les doutes surgissent. « M'aime-t-il encore ? Avant, il nous préparait des repas à la chandelle. Pourquoi a-t-il changé ? » La plus importante des questions n'est pas « Pourquoi est-ce que l'autre change ? », mais « Pourquoi est-ce que je confine l'autre dans une image précise ? ».

Votre vraie nature aspire à l'amour inconditionnel ; un amour sans attaches, ni croyances. Si vous aidez votre mental à cesser de projeter des dossiers préétablis sur l'autre, alors il verra le partenaire d'un tout nouvel œil. Il comprendra que l'amour n'est limité par aucun des mots que nous avons relevés précédemment !

LE MAL-ÊTRE

**LE MAL-ÊTRE PREND SES RACINES
DANS VOTRE PERCEPTION.**

La plupart des humains pensent que la vie est source de souffrances. « La vie est dure et sans pitié », se disent-ils souvent. Comprenez que rien n'est jamais personnellement dirigé contre vous. La vie maintient son équilibre subtil, mais il vous est impossible de le percevoir tant que vos yeux sont rivés sur des croyances erronées. Ce n'est pas la vie qui vous accable, mais votre manière de l'appréhender. Le mal-être n'est pas dans la réalité, mais dans vos interprétations personnelles qui entraînent des réactions négatives.

Imaginez l'exemple suivant : vous avez organisé une belle sortie dans la nature, mais à l'instant où vous franchissez la porte, une pluie torrentielle se met à tomber. Est-ce le temps qui pose problème ou votre réaction face à lui ? Vous pouvez être déçu ou en colère, il n'y a pas de mal à cela. Au contraire, en accueillant vos sentiments, vous resteriez centré sur cette paix profonde et vous aborderiez les situations avec légèreté et surtout sans en être affecté. Transformez votre regard sur la vie et cessez de vous sentir personnellement visé ! Tout malentendu se dissipe naturellement si vous êtes profondément habité par un seul désir : voir ce qui est et non pas ce que vous projetez.

Face à toute situation de mal-être, je vous conseille une chose avant tout : buvez de l'eau, respirez de manière ventrale et ouvrez les bras à vos émotions !

LES PENSÉES

**CERTAINES PERSONNES VOIENT LE VERRE
À MOITIÉ VIDE. D'AUTRES LE PERÇOIVENT
À MOITIÉ PLEIN. MAIS RARES SONT CELLES
QUI COMPRENNENT QUE LE VERRE N'EXISTE PAS.**

Diverses techniques de bien-être promeuvent l'importance de maintenir des pensées positives. L'expression « reste positif ! » est devenue monnaie courante. Si vous regardiez une pensée positive avec un peu de recul, vous constateriez qu'elle découle toujours de son opposé : une pensée négative. Un jour, une personne m'a dit : « Pendant de longues années, j'ai appliqué la pensée positive. J'ai dû arrêter car je me sentais épuisé. »

Eurêka ! Infliger des pensées positives au mental équivaut à une lutte permanente contre les pensées négatives ! C'est astreignant à souhait et cela déteint forcément sur le corps. Si le mental est dans un état de combativité, le corps en souffre systématiquement. On fait croire aux gens qu'une attitude positive est bénéfique. Oui, à condition qu'elle soit naturelle et non imposée.

Le stress est dévastateur pour votre corps parce qu'il épuise ses réserves d'eau. Son énergie (qui n'est autre que son taux hydrique !) diminue et votre mental jubile parce qu'il a réussi à anéantir une pensée négative, une illusion ! Oui, une simple illusion. Toute pensée est une construction mentale et n'a rien à voir avec la réalité. Qu'une chose soit perçue de manière positive ou négative ne la transformera pas pour autant.

Si vous aidez votre mental à se détacher de l'idée qu'il se fait de toute chose, alors un changement en profondeur se produira. Gardez à l'esprit que rien n'est ni positif, ni négatif. Ainsi, vous serez à chaque instant dans un état d'observation et de détachement.

L'OBSERVATION

**L'OBSERVATION N'EST PAS UN OUTIL,
MAIS UN ÉTAT D'ÊTRE.**

Lors d'un séminaire, j'invitai les participants à faire un dessin qui devait représenter la vie. Tous, à l'exception d'un seul, s'exécutèrent. À la fin de l'exercice, nous passâmes en revue les dessins. Arrivé au dernier, tous s'étonnèrent de ne voir qu'une feuille blanche. Une participante lui dit : « Tu n'es pas obligé de participer, mais pour quelle raison es-tu là alors ? » Elle n'avait pas compris que ce participant avait représenté l'essence même de la vie : un immense tableau blanc, car tout le reste n'est que projection.

Soyez attentif un instant. Que percevez-vous maintenant ? Des meubles, des personnes, une vaste nature et des pensées. Tous ces éléments ne représentent pas la vie, mais des projections mentales. La vie est telle une vaste toile blanche que votre mental colore inlassablement avec son imagination.

L'observation n'est pas un outil, mais un état d'être. Elle émane d'un profond détachement qui permet de percevoir la neutralité en toute chose. L'observation, c'est voir l'arrière-plan de la manifestation. Elle transcende l'illusion de la dualité et libère le mental de son imagination.

Je vous invite à utiliser ce support, simplement pour pouvoir expérimenter l'observation : face à une situation a priori négative, visualisez un tableau blanc. Focalisez votre attention sur lui et observez ce qui se passe à cet instant...

LA DÉPENDANCE

TOUT CE À QUOI VOTRE MENTAL ASPIRE AVEC FERVEUR DEVIENT TÔT OU TARD UNE PRISON.

« J'ai besoin de toi pour être heureux ! Il me faut un bout de chocolat ! J'aspire au bonheur ! » Tous ces énoncés provoquent tôt au tard une forme de dépendance et réciproquement de la souffrance. N'avez-vous jamais pensé : « Je suis tombé éperdument amoureux de telle personne et je ne pourrais plus concevoir ma vie sans elle » ? Je ne veux pas ôter le romantisme à cette phrase, mais comprenez qu'elle est sournoise. Dans l'absolu, vous n'aimez pas l'autre, mais les sentiments qu'il éveille en vous. Je conçois que c'est peut-être difficile à entendre, mais si vous réalisez cela, vous ne serez plus jamais dépendant de qui que ce soit. Une patiente me dit un jour : « J'aime tellement mon mari, mais je suis incapable de m'aimer ! » Il vous est possible d'avoir de l'affection pour quelqu'un parce que ce sentiment vous habite déjà profondément ! Tout émane toujours de votre espace intérieur.

Si votre mental pense qu'il est nécessaire de manger une sucrerie après chaque repas, je vous invite à changer cette habitude au plus vite. Il s'agit bien évidemment d'une envie mentale, car le corps n'a aucun besoin d'ingurgiter des sucreries. Bousculez les habitudes et remplacez les douceurs par un fruit, par exemple. Ainsi, votre mental ne s'affermira plus dans des idioties.

Il y a un appel au bonheur, l'envie d'être confiant ou positif ? Tout ce à quoi votre mental aspire avec ferveur devient tôt au tard une prison ! Ne soyez dépendant de rien, ni même du bonheur ! Ainsi, vous vivrez librement !

LE SILENCE INTÉRIEUR

**LE SILENCE INTÉRIEUR
NE PEUT ÊTRE ENTENDU
QUE PAR VOTRE CONSCIENCE.**

Un vieil homme me raconta : « J'ai fait des années de méditation pour atteindre le silence intérieur, mais mon mental ne cesse de parler. » Je répliquai : « Le chant est propre à l'oiseau. Pour que vous puissiez l'entendre, votre attention doit être centrée sur lui. Votre mental est comme cet oiseau, à la différence qu'il émet des pensées. Vous n'êtes jamais affecté par le mental, puisque votre essence est silencieuse. C'est à partir de votre silence intérieur qu'il vous est possible d'entendre votre mental. Il n'y a aucun besoin de le faire taire, puiqu'il ne vous pose aucun problème. Si vous vous tenez à la surface d'un océan agité, vous partez rapidement à la dérive. Mais en plongeant dans les profondeurs, plus aucun mouvement n'est perçu. Vous n'êtes ni à la surface, ni dans les profondeurs. Vous êtes uniquement celui qui perçoit ces deux états. À cet endroit, rien ne peut jamais vous tourmenter. »

Essayez d'éviter toute pensée et vous en serez submergé. Pourquoi ? Uniquement parce qu'à ce moment votre attention est portée sur l'activité mentale. Vous passez des heures à méditer dans le but de retrouver le calme intérieur. Il vous suffirait pourtant d'une seconde pour réaliser que vous n'êtes pas cette voix qui parle ! Vous n'allez tout de même pas étrangler tous les oiseaux qui ont le malheur de chanter en votre présence, n'est-ce pas ? Laissez votre mental chanter et vous verrez que ses sons ne vous dérangeront plus jamais, parce que le silence vous habite déjà profondément !

TRANSCENDER

**SI VOUS INVITEZ TOUTE ÉMOTION
À ÊTRE PRÉSENTE,
SI VOUS FUSIONNEZ AVEC ELLE
EN TOUTE CONSCIENCE,
VOUS TRANSCENDEREZ VOS RÉSISTANCES !**

Je vous invite à faire une expérience qui va façonner votre vie d'une nouvelle manière. Placez-vous debout et pensez à une situation pénible (actuelle ou passée). À l'instant où la mémoire se réactive, une émotion émerge. Déterminez s'il s'agit plutôt d'une peur, d'une colère ou d'une tristesse et évaluez son intensité sur une échelle allant de zéro à dix (dix correspond à un état émotionnel insupportable). Formulez la situation de vive voix. Par exemple : « Il y a deux ans, j'ai perdu mon ami et cela me rend triste. » Imaginez que l'émotion en question se tienne face à vous maintenant. Regardez-la attentivement un instant. Puis, modifiez la phrase. Vous ne direz plus « il y a deux ans, j'ai perdu mon ami et cela me rend triste », mais « j'observe qu'il y a deux ans, un être humain a perdu un ami et cela le rend triste ». En répétant la phrase trois fois, vous pencherez le torse en avant, de manière à ce que la tête et les bras pendent vers le sol. Inclinez littéralement le corps devant cette émotion. Le dernier point repose sur votre Pouvoir d'Accueil. Répétez trois fois : « J'autorise cet être humain à fusionner avec l'émotion et à être en paix avec elle maintenant. » Permettez au corps de se détendre complètement sur le sol et visualisez comme l'émotion l'enveloppe chaleureusement. En respirant calmement, restez dans cette position jusqu'à ce que l'émotion ait complètement fusionné avec le corps. Remerciez votre espace intérieur et vous-même pour cette expérience. Maintenant, repensez à la situation que vous aviez choisie au début et évaluez à nouveau l'intensité de l'émotion. Vous constaterez qu'elle a diminué, et ce, parce que vous avez transcendé toute résistance.

L'ABONDANCE

**RECONNAÎTRE L'ABONDANCE,
C'EST VIVRE DANS L'ABONDANCE.**

Lorsque je parle d'abondance, les gens pensent en premier lieu à l'aspect matériel. Or, l'abondance repose avant tout sur un état de conscience. Il s'agit principalement d'une dimension intérieure. L'abondance et le sentiment de plénitude forment les revers d'une même médaille. Quand le sentiment de plénitude intérieur manque, certaines personnes ont tendance à vouloir le remplir. Elles amassent un maximum de choses, sans toutefois pouvoir ressentir de l'abondance.

Quand vous demandez à être dans l'abondance, que recherchez-vous essentiellement ? Le bien-être. Il représente la quintessence de toutes vos quêtes. L'amour, la santé, l'argent, la reconnaissance ou la confiance sont des déclinaisons du bien-être. Selon la situation vécue, il est parfois difficile d'observer que le bien-être est déjà présent. L'abondance et l'amour le sont également. Ces états sont omniprésents, mais pour quelles raisons n'arrivez-vous pas à y goûter maintenant ? Parce qu'on a toujours dit au mental que l'abondance ne tombe pas du ciel. Il faut la mériter ! Pourtant, la vie regorge d'abondance. Ces arbres, ces rayons de soleil, toute l'eau sur cette planète, ces millions de battements de cœur, l'oxygène que les poumons inspirent en sont des exemples. L'abondance est en vous et dans le monde manifesté. Il n'y a pas besoin d'y accéder. Il suffit d'en avoir pleinement conscience. Par cet acte de reconnaissance, votre mental comprendra qu'il n'a pas à mériter l'abondance, parce que la vie la lui offre à chaque instant.

ET ALORS ?

L'ÊTRE HUMAIN QUI SE SENT IMPORTANT CRÉE UN CHEMIN DE VIE AFFLIGEANT.

Ce que je m'apprête à vous dire va non seulement bousculer votre mental, mais surtout vous permettre de renaître en un seul instant !

Si cet être humain succombe maintenant, cela n'empêchera pas le monde de continuer à tourner !

Je conçois que l'ego, qui estime avoir une certaine importance en ce monde, n'aime pas entendre cela. En un souffle, la vie emporte l'être humain. Qui est-ce qui s'en soucie ? Vous ? Certainement pas, puisque vous n'êtes pas un humain ! Cette vérité qui peut paraître choquante, surtout si vous étiez complètement endormi jusqu'à maintenant, est fondamentalement libératrice ! Si vous permettiez à cet humain d'en avoir pleinement conscience, jamais plus il ne se compliquerait la vie. Il lui serait trop important de savourer chaque instant.

Toute cette salive perdue à argumenter et à savoir qui a tort ou raison, mais à quoi bon ? Qui se préoccupe de l'opinion de votre mental, si ce n'est le mental lui-même ? N'est-ce pas hautement amusant ?

Invitez votre mental à jeter par-dessus bord cette lourdeur inutile. Il ne se sent pas entendu? Et alors ? Vous, vous l'entendez ! Il a manqué d'affection dans le passé ? Et alors ? Vous, vous l'aimez pour ce qu'il est maintenant ! Ce que les autres pensent et disent n'a strictement aucune importance. Ce qui importe, par contre, c'est l'attention que vous offrez à votre espace intérieur. Rappelez-lui que cet instant peut être le dernier, ce qui changera radicalement votre dynamique de vie !

L'ÉTAT DE PRÉSENCE

VIVRE, C'EST SIMPLEMENT ÊTRE PRÉSENT À CE QUI EST MAINTENANT.

Le maître observa ses élèves qui attendirent patiemment l'enseignement du jour. Après trois heures de silence, un élève demanda: « N'allons-nous pas entendre vos sages paroles aujourd'hui ? » Le maître répondit : « Vous attendez-vous à un enseignement qui vous plaise ou à un enseignement qui vous transforme ? »

Ressentez-vous les respirations du corps ? Humez-vous les fleurs dans votre jardin ? Entendez-vous le chant des oiseaux ? Êtes-vous conscient de ce qui vous entoure à cet instant ? L'essentiel ne se trouve pas dans ce que vous faites ou dans ce que vous pensez. L'essentiel se loge dans votre état de présence.

Prenez un instant. Fermez les yeux. Observez la respiration du corps, le va-et-vient des pensées et des émotions, le contact physique avec la chaise sur laquelle votre corps est assis, la texture du livre et son odeur, les bruits environnants. Quand vous êtes conscient de tout cela, alors vous êtes pleinement ancré dans votre état de présence. Rien à cet instant ne peut perturber cette conscience qui embrasse toute manifestation. Un espace se crée, laissant émerger cette paix profonde et immuable qui ne vous a jamais quitté.

Plusieurs fois dans la journée, et surtout lorsque le mental est happé par un tourbillon de pensées, fermez les yeux, puis observez avec détachement. Vous réaliserez soudain que tout est dorénavant parfaitement aligné, silencieux et en paix.

L'ACCOMPAGNEMENT

TENDEZ VOTRE MAIN ET N'ATTENDEZ RIEN.

« Pourquoi souhaitez-vous transformer certains aspects de votre vie ? », demandai-je au public. « Parce que ma situation actuelle m'est insupportable », répondit une dame en soupirant. « Croyez-vous qu'un changement de vie allégerait l'émotion qui est présente maintenant ? » Elle marmonna : « Depuis des années, je suis envahie par une profonde tristesse. Je n'en veux plus ! Elle m'épuise tellement ! » « Est-ce la tristesse qui vous exténue, ou toute cette énergie de lutte que vous investissez, jour après jour, dans le seul but de la faire taire ? », lui demandai-je. Elle me regarda d'un air étrange et sanglota. Je poursuivis : « Les émotions font partie de la vie humaine. Parfois il y a de la joie, d'autres fois de la tristesse. Il n'y a rien de mal à cela. Votre système émotionnel a simplement besoin que vous lui tendiez la main. Vous avez constaté que la situation se détériore si vous lui faites la guerre. Pouvez-vous offrir un petit espace de vie à cette tristesse maintenant, pouvez-vous l'inviter à être pleinement présente ? » La dame fit un signe d'approbation. « La vraie transformation prend ses racines dans l'accompagnement de vos sentiments. Si vous leur donnez le droit d'exister, vous réaliserez que rien n'est imparfait dans votre vie. La vie n'est jamais affligeante, seule votre attitude la rend insupportable. Si vous supprimiez la tristesse, l'être humain deviendrait dysfonctionnel. Vous lui ôteriez littéralement le cœur. En imaginant une vie meilleure, vous étouffez votre système émotionnel. Abandonnez cet état de combativité et vous verrez que la vie vous offre gratuitement tout ce dont vous avez besoin pour être totalement épanouie maintenant ».

LA SEXUALITÉ

LA SEXUALITÉ N'EST PAS UN CONCEPT.

Une femme âgée de cinquante ans partagea ses inquiétudes avec une sexologue qui participait à mon séminaire : « Je suis avec un homme extraordinaire, mais nous n'avons pas beaucoup de rapports sexuels. Est-ce normal ? »

Cher lecteur, qu'en pensez-vous ? Que répondriez-vous à cette femme ?

Ne trouvez-vous pas son énoncé d'une tristesse absolue ? Vous rendez-vous compte à quel point l'amour et la sexualité se trouvent conceptualisés ? Lors d'une émission de radio, une sexologue affirma qu'une vie de couple saine repose sur des rapports intimes réguliers.

Le problème n'est pas de savoir à quelle fréquence l'être humain s'adonne à ce plaisir, mais de constater à quel point il se soumet à des critères qui correspondent à une soit-disant « normalité ». Celle-ci prédomine uniquement dans un monde qui crée des robots !

Les gens qui ont peur d'être différents des autres ont hélas oublié que chaque être est unique au monde. Au lieu de remettre des propos aberrants en question, ils doutent d'eux-mêmes ! « Suis-je normal ? Est-ce que l'autre m'aime, si nous n'avons pas des rapports réguliers ? », s'interrogent-ils. La sexualité et l'amour ne sont pas des concepts.

La nature de la relation amoureuse et sexuelle est aussi variée que le nombre d'êtres humains vivant sur cette planète. En cessant de se comparer, chaque individu aurait à nouveau l'opportunité de se découvrir et de vivre une sexualité qui lui correspond réellement.

LA NOURRITURE

**VOUS ÊTES HABITÉ PAR TROIS FORCES :
LE CORPS, LE CŒUR ET L'ESPRIT.
NOURRISSEZ-LES AVEC BIENVEILLANCE
ET ILS DEVIENDRONT VOS MEILLEURS ALLIÉS.**

Anoki, un jeune Amérindien, observa attentivement le guérisseur du village qui prodiguait un soin à une femme souffrante. À la fin du traitement, il le rejoignit et lui demanda pour quelles raisons il avait bandé les yeux de la femme. Le sage s'assit et le prit sur ses genoux. « Tu sais, Anoki, les adultes se perdent facilement de vue », dit-il tranquillement. « Mais elle ne voit plus rien », poursuivit le garçon, confus. « Au contraire, elle perçoit à nouveau l'essentiel. Étant coupée du monde extérieur, elle peut entendre les messages de ses trois dimensions intérieures. » « De quoi parles-tu ? », l'interrogea Anoki avec curiosité. « Tu es habité par trois forces : le corps, le cœur et l'esprit. Si tu ne les nourris pas de manière adéquate, ils se rebellent et tombent finalement malades. C'est en apprenant à les connaître que tu sauras comment assouvir leur faim. Pour ce faire, tu dois pouvoir fixer ton attention sur eux, sans être distrait par le monde extérieur. C'est pour cette raison que j'ai bandé les yeux de cette femme. » Anoki continua : « Qu'aiment-ils manger ? » « Le corps se nourrit principalement d'eau. L'esprit a faim de paix et le cœur a soif d'amour », conclut le guérisseur en souriant.

Le bien-être repose sur trois piliers : de l'eau pour le corps, de la paix mentale et de la compassion envers les émotions négatives. Face à tout déséquilibre, appliquez cette « potion magique » :

1) Buvez de l'eau plate en fermant les yeux et en respirant calmement.

2) Dites au mental qu'il est libre de choisir ce qui est juste et bon pour lui.

3) Accueillez les émotions négatives et, si vous y arrivez, faites-leur un petit sourire en guise de bienvenue !

LE PLAISIR

**LA VIE EST UN TERRAIN DE JEU,
ALORS AMUSEZ-VOUS TEL UN ENFANT !**

Le plaisir constitue un élément puissant pour augmenter les ressources énergétiques du corps, du mental et du système émotionnel. Regardez comme un enfant s'amuse la plupart du temps. La joie est hautement bénéfique pour son système immunitaire et elle stimule la croissance de l'organisme. Mais en devenant adulte, cette légèreté a tendance à être remplacée par une énergie qui est beaucoup trop rigide pour vos trois alliés « corps-mental-émotion » et qui altère progressivement leur bien-être.

Demandez-vous : « Pendant combien de temps me suis-je amusé hier ? » En règle générale, on parle de secondes et dans le meilleur des cas de quelques minutes. Pour faire une petite comparaison, énumérez tout ce qui a énervé ou stressé votre mental hier. Je pense que nous n'avons pas besoin d'épiloguer longuement sur ce que vous venez de constater, n'est-ce pas ? Il existe un grand défaut dans votre manière de concevoir le plaisir. À combien de reprises votre mental a-t-il entendu : « D'abord le travail et après le plaisir » ? Et il faudrait même ajouter : « ...si tu as bien travaillé ! ».

Comprenez-vous maintenant pourquoi vos journées ressemblent plutôt à un champ de bataille qu'à un terrain de jeu ? Et si vous rejetiez cette idée préconçue du plaisir ? Qu'est-ce qui vous en empêche concrètement ? Rien du tout ! Qu'attendez-vous pour fixer de nouvelles priorités ?

La santé et les moments de plaisir que vous accordez à votre espace intérieur sont indissociables. Cultivez le plaisir et vous augmenterez le bien-être global.

Alors, soyez généreux aujourd'hui !

LA FOLIE

**NE CONFÉREZ AUCUN POUVOIR AUX AUTRES,
CAR VOUS RISQUERIEZ DE PERDRE LE VÔTRE.**

La fille d'un président me contacta un soir. Son père se trouvait dans une situation alarmante, car menacé par certaines personnes malintentionnées. Angoissée, elle me demanda : « Je vous en supplie, dites-moi ce que mon père doit faire ! » Je lui répondis : « Ce qui doit être fait sera fait. » Épouvantée, elle continua : « Alors, quelle stratégie adopter pour éviter tout danger ? » Je répétai : « Il n'y a rien à faire. » Voici ce qu'elle transmit à son père : « Nassrine a dit de ne rien faire, donc de ne pas sortir de ta chambre d'hôtel cette nuit. » Le lendemain elle me rappela, euphorique : « Vous avez un don incroyable ! Mon père devait se rendre à l'endroit où une bombe a explosé hier dans la nuit, et grâce à vous, il n'a pas quitté sa chambre d'hôtel ! Comment puis-je vous remercier ? » Surprise, je répliquai par : « Je ne lui ai jamais demandé de rester enfermé. Je vous avais simplement dit que ce qui devait se produire se produirait. C'est vous-même qui avez donné cette information à votre père. Remerciez-vous ! » Mais elle ne comprit pas mes mots et fit de moi « la voyante suprême de l'année » ! Je ne répondis plus à ses appels, car cela l'aurait inévitablement poussée à me conférer un pouvoir illusoire.

Vous ne devriez permettre à personne de vous placer sur un piédestal. Si vous prenez au sérieux ce qui est dit à votre sujet, vous aurez un sacré problème à gérer ! Imaginez qu'on vous affirme que vous êtes la personne la plus positive au monde et que vous trouvez toujours une solution à tout. Quelle pression ! Vous seriez obligé de correspondre à une image qui vous a été imposée et que votre ego a acceptée avec fierté ! Remettez le pouvoir des autres entre leurs propres mains et occupez-vous du vôtre. Ainsi, la folie du pouvoir cessera en ce monde.

UN NOUVEAU MONDE

**VOUS N'ÊTES PAS EN VIE.
VOUS N'ÊTES PAS LA VIE.
VOUS EN ÊTES L'ORIGINE.**

« Qui est-ce qui me voit ? », demandai-je au public. Tout le monde leva la main. « Comment cela est-il possible ? De la lumière est projetée sur mon corps, vos yeux la captent et votre cerveau crée une image. Mais où se situe cette image ? À l'intérieur de vous, n'est-ce-pas ? La vie est une expérience interne. Les personnes assises autour de vous sont en vous. Tout naît en vous. Lorsque vous vous réveillez enfin, vous réalisez que le monde entier vous habite. Vous en êtes le contenant. Tout ce qui a lieu maintenant, tel que la joie, la peine, l'obscurité ou la lumière, se manifeste en vous. Qui est-ce qui détermine alors le bien-être ou le mal-être, si ce n'est vous ? Si vous saisissez cela, toute votre vie se transforme en un seul instant. Vous avez soudainement conscience de ce pouvoir qui vous habite profondément. Vous comprenez que rien ne peut jamais vous affecter, parce que vous déterminez la nature de l'expérience. Il devient dès lors illusoire de vouloir changer quelqu'un ou quelque chose, parce que vous savez que tout prend forme en vous. Si votre conscience se modifie, tout change. N'est-il donc pas essentiel de porter notre attention a priori sur ce monde intérieur, cet espace qui unit toute chose en un seul point ? N'est-il pas merveilleux d'observer qu'un nouveau monde peut être créé, simplement parce que vous savez enfin que vous êtes à l'origine même de la vie ? Alors, qu'attendez-vous pour renaître à votre ultime réalité ? »

POSTFACE

Cher lecteur,

Vous êtes à la fin de votre lecture, mais au début de votre nouvelle vie. Une vie qui laisse enfin transparaître votre unicité et qui amène une nouvelle dimension à l'humanité. Remerciez-vous de toutes vos prises de conscience, de votre bienveillance à l'égard de votre corps, de votre cœur et de votre esprit. Avec sagesse, vous avez su les accompagner. Toute résistance s'est naturellement dissipée, laissant place à l'accueil de ce qui est. Votre lumière peut enfin se répandre naturellement à travers tout ce qui se présente à vous à chaque instant et ce faisant, le monde se transforme profondément...

Avec toute mon affection et mes pensées lumineuses.

Nassrine Reza

VIVEZ UNE EXPÉRIENCE UNIQUE
ET IMMERGEZ-VOUS
DANS VOTRE POUVOIR D'ACCUEIL !

Vous avez envie d'en découvrir davantage, de participer à un événement ou de rencontrer l'auteure ?

Nassrine Reza propose des retraites, des séminaires, des conférences et des consultations privées par Skype partout dans le monde. Vous avez également la possibilité de cocréer un événement avec elle dans votre région. Vous trouverez toutes les informations sur son site :

www.nassrinereza.com

Abonnez-vous à sa newsletter gratuite et recevez ses « Chroniques de l'Éveil » toutes les semaines.

Suivez l'actualité sur sa page Facebook :

www.facebook.com/nassrine.reza

Découvrez sa chaîne YouTube et voyagez à travers ses vidéos inspirantes :

www.youtube.com/nassrinereza

Et si ce livre vous a plu, n'hésitez pas à répandre la bonne nouvelle autour de vous !

10898823R00123

Printed in Germany
by Amazon Distribution
GmbH, Leipzig